챗GPT
역사수업

챗GPT 역사수업

초판 1쇄 발행   2024년 7월 18일

지은이 박용준

발행인 김병주
기획편집위원회 한민호, 김춘성
마케팅 진영숙
에듀니티교육연구소 이문주, 백헌탁
디자인 디자인붐

펴낸 곳 (주)에듀니티
도서문의 1644-5798
일원화 구입처 031-407-6368 (주)태양서적
등록 2009년 1월 6일 제300-2011-51호
주소 서울특별시 중구 남대문로 117, 동아빌딩 11층
출판 이메일 book@eduniety.net
홈페이지 www.eduniety.net
페이스북 www.facebook.com/eduniety
인스타그램 www.instagram.com/eduniety/
　　　　　　www.instagram.com/eduniety_books/
포스트 post.naver.com/eduniety

문의하기

투고안내

ISBN 979-11-6425-165-0 (03370)
값은 뒤표지에 있습니다.

생성형 AI 시대,
역사수업을
어떻게 할 수 있을까?

챗GPT
역사수업

박용준 지음

에듀니티

인공지능이 역사 수업을 도울 수 있다면

몇 년 전부터 "대답 잘하는 사람보다도 질문 잘하는 사람이 중요한 시대가 왔다"라는 이야기가 유행하였습니다. 여기서 '질문 잘하는 사람'이란 지식이나 정보를 새로운 관점에서 바라보고 의문을 가지는 사람입니다.

물론, 아는 만큼 보인다는 말도 있는 만큼 대답 잘하는 것과 질문 잘하는 것을 꼭 나눌 수 있는 것은 아닙니다. 그렇지만 오늘날에는 인터넷으로 지식이나 정보를 쉽고 빠르게 찾을 수 있기 때문에 단순히 지식이나 정보를 아는 것만으로는 충분하지 않습니다. 이제는 스스로 질문하고 새로운 것을 만들어내는 것이 더 중요하다는 의미입니다.

그러던 중 챗GPT가 등장했습니다. 챗GPT는 마치 인간처럼 스스로 판단할 수 있는 인공지능을 갖춘 프로그램입니다. 인간이 질문하면 챗GPT는 스스로 필요한 지식이나 정보를 찾아 정리해서 대답해줍니다.

말이나 글로만 대답해주는 것이 아니라 그림, 사진, 음악, 동영상을 만들어 주거나, 심지어는 컴퓨터 프로그램을 만들어 주기도 합니다. 정말로 질문만 잘해도 많은 것을 할 수 있는 세상이 열렸습니다.

한편으로는 챗GPT가 등장한 것을 기쁘게만 볼 수도 없습니다. 앞서 산업 혁명 시기에는 공장에 기계가 들어오면서 여러 노동자가 일자리를 잃었습니다. 마찬가지로 오늘날 일터에 챗GPT가 들어오면 얼마나 많은 사람이 일자리를 잃게 될지 걱정하는 사람들이 많습니다. 실제로도 챗GPT가 만들어진 뒤, 구글을 비롯한 세계적인 기업들이 컴퓨터 프로그램 개발자들을 대량으로 해고하기 시작했습니다. 이런 상황을 보고 있으면 학교 현장에서도 비슷한 일이 벌어지지 않을지 걱정이 되기도 합니다.

그렇지만 걱정만 앞세우기보다는 우리가 챗GPT로 무엇을 할 수 있는지를 먼저 이야기하고 싶습니다. 확실한 것은 수업 준비에 큰 도움이 될 것이라는 점입니다. 저는 처음에 챗GPT를 사용해 본 다음 '수업하는 데 굉장히 편리하겠구나'라고 느꼈습니다. 여러 선생님은 생활지도와 행정 업무에 시달리는 가운데 수업을 해야 합니다. 수업하려면 수업 준비도 해야 하는데 늘 시간이 부족합니다. 퇴근하고 집에 가서도 수업 준비를 하는 선생님들이 적지 않습니다. 그런 선생님들에게 어떤 방법으로 도움을 드릴 수 있을지 고민하다가 이 책 『챗GPT 역사 수업』을 쓰게 되었습니다.

이 책을 쓸 때 챗GPT가 무엇인지 몰랐던 선생님들도 쉽게 이해할 수 있는 내용으로 쓰고자 했습니다. 챗GPT가 무엇이고, 어떻게 쓰는 것인지부터 차근차근 설명해 드리겠습니다. 이어서 '과거로의 시간 여행', '역사 인물 가상 인터뷰', '역사 시뮬레이션 게임' 등 현장에서 바로 활용하실 수 있는 다양한 수업 방법을 소개해 드리겠습니다. 아울러 챗GPT를 역사 수업에 활용할 때는 무엇을 주의해야 하는지, 미래의 역사 수업은 어떻게 바뀔지를 이야기하고자 합니다. 특히, 3부와 4부에서는 현장에서 바로 활용하실 수 있도록 '챗GPT를 활용한 역사 수업 지도안 및 평가계획 양식'을 첨부했으니, 필요에 따라 고쳐서 활용하시면 되겠습니다. 또한 진로진학지도 차원에서 역사교사 및 사학도를 지망하는 학생들을 위해 '챗GPT 기반 모의면접 시나리오'를 제시해 드렸습니다.

이 책이 현장의 선생님들, 그리고 역사 교사를 꿈꾸는 학생들에게 작은 도움이 되길 바랍니다.

2024년 7월. 글쓴이

1장 · 챗GPT 역사 수업 준비

2장 · 챗GPT로 역사 지식 이해하기

3장 · 챗GPT로 역사적 상상력 키우기

4장 · 챗GPT로 역사적 사고력 키우기

1장

챗GPT
역사 수업 준비

인공지능(AI),
그리고 챗GPT

챗GPT는 인공지능(AI) 중 하나입니다. 좀 더 구체적으로는 인간이 요청하는 대로 문자, 그림, 사진, 음악, 동영상 등을 생성하는 인공지능이기 때문에 생성형 AI라고도 불립니다. 인공지능, 챗GPT, 생성형 AI 같은 단어들을 처음 접하는 분들을 위해 간단히 설명해 드리겠습니다.

인공지능(AI)이란?

인공지능(Artificial Intelligence, AI)이란 실제 인간의 지능이 아닌, 만들어진 지능으로, 바깥에서 온 정보를 받아들여 마치 인간처럼 스스로 생각하고 판단할 수 있는 장치입니다. 로봇청소기나 자율 주행 자동차는 인공지능을 탑재하고 있어서, 자기 주변을 탐색한 다음 적당한 길을 찾아 스스로 움직입니다.

챗GPT, 스스로 만들어내는 인공지능

챗GPT(ChatGPT) 역시 인공지능 중 하나입니다. 챗GPT는 개발사인 OpenAI가 2022년 12월 1일에 처음으로 공개했는데, 문자, 그림, 사진, 음악, 동영상 등을 생성할 수 있고, 인간과 대화할 수 있는 인공지능입니다. 이런 특징들이 챗GPT라는 이름에 들어 있습니다.

챗(Chat)은 인간과 대화(Chat)함으로써 작동한다는 뜻이고, G(Generative)는 문자, 그림, 사진, 음악, 동영상 등을 생성한다는 뜻이며, P(Pre-Trained)는 미리 방대한 지식과 정보를 학습해 두었다는 뜻입니다. 마지막의 T(Transformer)는 이 인공지능이 Transformer(트랜스포머)라는 이름의 모델을 바탕으로 만들어졌다는 뜻입니다.

> **챗GPT(ChatGPT)란?(1)**
> - 챗(Chat): 인간과 대화(Chat)함으로써 작동한다.
> - G(Generative): 문자, 그림, 사진, 음악, 동영상 등을 생성한다.
> - P(Pre-Trained): 미리 방대한 지식과 정보를 학습해 두었다.
> - T(Transformer): 트랜스포머(Transformer)라는 이름의 모델을 바탕으로 만들어졌다.

챗GPT가 공개되고 난 뒤, 그야말로 세계는 '충격(shock)'에 빠졌습니다. 예전에는 인공지능이 (비교적) 우리가 이해할 수 있는 인간의 언어가 아닌, 이해하기 복잡한 컴퓨터 언어로 작동했고, 학습한 지식이나 정보가 얼마 되지도 않았기 때문입니다. 그런데 챗GPT는 인간의 언어로 대화하면서 작동할 뿐만 아니라, 방대한 지식과 정보를 학습했기 때문에 질문을 잘 알아듣고 대답하는 수준도 매우 높아졌습니다.

챗GPT 출현 이후 이름난 회사들이 잇달아 비슷한 제품을 내놓았습니다. 세계적인 기업인 구글에서는 바드(Bard)를 출시했는데, 바드는 나중에 이름이 제미나이(Gemini)로 바뀌었습니다. 마이크로소프트(Microsoft)에서도 빙챗(bingchat)을 출시했는데, 빙챗도 나중에 이름이 코파일럿(Copilot)으로 바뀌었습니다. 우리나라 기업에서도 비슷한 제품들을 내놓았습니다. 뤼튼 테크놀로지스에서 개발한 뤼튼(wrtn), 네이버에서 개발한 큐(cue:)등이 있습니다. 챗GPT, 제미나이, 코파일럿, 뤼튼, 큐 등은 인간과 대화함으로써 작동합니다. 그래서 '대화형 인공지능'으로 불리기도 합니다.

그리고 문자, 그림, 사진, 음악, 동영상 등 미디어를 스스로 만들어내는 인공지능, 즉 생성하는 인공지능이라고 해서 '생성형 인공지능'으로 불리기도 합니다. 그렇지만 적지 않은 사람들이 생성형 AI들을 통틀어 그냥 챗GPT라고 부르기도 합니다.

챗GPT는 이미 생성형 AI의 대명사가 되었습니다. 마치 '포스트잇'이 너무나 유명해서, 세상의 온갖 부착형 메모지들을 '포스트잇'이라 부르는 것과 비슷합니다.

이 책의 이름을 『챗GPT 역사수업』이라 지은 것도 그 때문입니다. 그렇지만 이 책이 챗GPT 활용법만 다룬 것은 아닙니다. 제미나이, 코파일럿 등 여러 생성형 AI를 활용한 역사수업에 관한 책입니다. 오히려 챗GPT보다는 제미나이나 코파일럿을 더 많이 다뤘습니다.

챗GPT는 어떻게 역사수업에 도움이 될까?

챗GPT를 비롯한 생성형 AI는 미리 방대한 지식과 정보를 학습했기 때문에 역사에 관한 수준 높은 지식과 정보를 많이 알고 있습니다. 다양한 자료를 번역하거나 해석할 수 있고, 자신이 학습한 지식과 정보를 교사나 학생의 필요에 따라 제공할 수도 있습니다.

또한, 문자뿐만 아니라 사진, 그림 등을 생성할 수 있는데, 이를 활용해서 시간 여행, 역사 인물 가상 인터뷰 등을 하거나 역사 이미지를 그릴 수 있습니다. 역사를 간접적으로 경험하는 한편, 생성형 AI를 활용해 어떻게 역사를 표현할 수 있을지를 고민하며 역사적 상상력을 키울 수 있는 것이죠.

　뿐만 아니라 역사 시뮬레이션 게임을 만들어 실행하고, 생성형 AI가 대답한 내용을 검증하며 역사적 사고력을 키울 수 있습니다.

챗GPT
시작하기

이 장에서는 챗GPT를 비롯한 생성형 AI를 써본 적이 없는 분들에게 생성형 AI 사용 방법을 알려 드립니다. 생성형 AI는 인터넷이 연결되어 있는 PC, 또는 핸드폰, 태블릿PC가 있다면 언제 어디서든 이용할 수 있습니다. 여기서는 PC에서 챗GPT, 코파일럿, 제미나이, 뤼튼, 큐를 사용하는 방법을 순서대로 다루겠습니다.[1]

챗GPT

① 챗GPT 홈페이지(chat.openai.com/)에 들어가면 아래와 같은 화면이 뜹니다. 아직 챗GPT 계정이 없는 분은 계정을 새로 만들어야 합니다. 먼저 계정을 만들기 위해 〔Sign up〕을 클릭합니다.

---

1 챗GPT를 PC에서 사용할 때와 핸드폰 또는 태블릿 PC에서 사용할 때는 화면 구성에 약간 차이가 있지만 거의 비슷합니다.

이미 계정이 있는 분들은 [Log in]을 선택합니다.

② 그러면 아래처럼 '계정 만들기' 화면이 뜹니다.

"이메일 주소"에 자신이 평소
에 사용하는 이메일 주소를 써넣
고 [계속하기]를 클릭합니다.

아직 챗GPT 계정은 없지만 이
미 구글(Google)이나 마이크로소프
트(Microsoft), 또는 애플(Apple) 계
정이 있는 분이라면 챗GPT 계정
을 굳이 만들지 않아도 됩니다. 이
경우에는 [Google 계정으로 계속
하기]나 [Microsoft 계정으로 계
속하기], 또는 [Apple 계정으로 계
속하기]를 클릭하신 뒤, 해당 계

정으로 로그인하면 됩니다.

③ 오른쪽 그림처럼 자신이 계정을 만들 때 쓴 이메일 주소가 챗GPT 계정 아이디가 됩니다. 이번에는 자신이 챗GPT 계정에 로그인할 때 쓸 비밀번호를 입력합니다. 비밀번호는 최소 12자리 문자로 되어 있어야 합니다. 비밀번호를 다 입력했으면 〔계속〕을 클릭합니다.

④ 오른쪽 그림은 챗GPT의 개발사인 OpenAI에서 사용자가 계정을 만들 때 쓴 이메일 주소로 본인 인증 메일을 보냈다는 내용입니다. 해당 이메일에 접속해서 OpenAI가 보낸 본인 인증 메일을 확인합시다.

만약 시간이 한참 지났어도 OpenAI로부터 본인 인증 메일을 받지 못했다면 화면의 〔Resend email〕을 누르도록 합시다. 본인 인증 메일을 새로 받을 수 있습니다.

⑤ 아래처럼 자신의 메일에 OpenAI(noreply@tm.openai.com)에서 보낸 본인 인증 메일이 도착했습니다. 〔Verifty email address〕를 클릭하면 본인 인증이 완료됩니다.

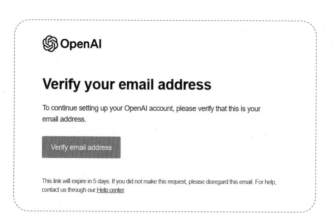

⑥ 본인 인증을 마치면 아래처럼 자신의 이름과 생년월일을 입력 하라는 화면이 나옵니다. 위의 "Full name" 칸에는 자신의 이름을, 아래의 "Birthday" 칸에는 자신의 생년월일을 입력합니다. 생년월일은 일/월/연도 순으로 적습니다. 예를 들어 1988년 12월 31일생이라면 31121988이라고 입력하면 됩니다. 자신의

실명이나 실제 생년월일과 다르게 적어도 큰 문제는 없습니다. 입력을 마친 뒤 [Agree]를 클릭합니다.

⑦ 챗GPT 계정 만들기를 완료했습니다. 다시 챗GPT 홈페이지(chat.openai.com/)에 들어가서 (Log in)을 클릭합니다.

그러면 왼쪽처럼 로그인 화면이 뜹니다.

"이메일 주소"에 자신의 챗GPT 계정 아이디(챗GPT 계정 만들 때 쓴 이메일 주소)를 써 넣고 [계속하기]를 클릭합니다.

⑧ 자신의 챗GPT 계정 비밀번호를 입력합니다. 비밀번호를 다

입력했으면 [계속]을 클릭합니다.

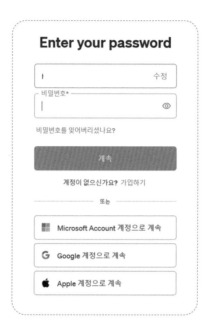

⑨ 지금부터 챗GPT를 사용할 수 있습니다.

챗GPT를 사용하려면 먼저 질문을 해야 합니다. 위 화면에서 화살표 ()가 가리키는 "Message ChatGPT..."에 질문을 입력한 뒤 키보드의 엔터 키(↵)를 누르거나, 화면의 ⇧(Send message)을 클릭합니다. 그러면 챗GPT가 대답합니다.

챗GPT는 기본적으로 무료 버전인 챗GPT-3.5를 기반으로 작동합니다. 유료 버전인 챗GPT-4도 있는데, 챗GPT-4에서는 실시간 검색 기능, 이미지 생성 기능 등이 추가되었습니다. 2024년 5월 14일에는 챗GPT-4o가 공개되면서 문자가 아니라 인간에 가깝게 말로 답하는 기능이 추가되었습니다. 단, 이러한 기능은 코파일럿, 제미나이 등 다른 생성형 AI에서 무료로 이용할 수 있습니다.

코파일럿

① 코파일럿을 사용할 수 있는 검색엔진 bing의 홈페이지(bing.com/)에 들어가면 아래와 같은 화면이 뜹니다. 화면 위쪽의 〔로그인〕을 클릭한 다음, 〔개인 계정으로 로그인〕을 클릭합니다.

② 아래처럼 로그인 화면이 뜹니다. [계정을 만드세요!]를 클릭합니다.

Microsoft

로그인

Bing(으)로 계속

전자 메일, 전화 또는 Skype
_____

계정이 없나요? 계정을 만드세요!

[다음]

③ [아래 사항에 동의함] 화면이 뜹니다. [자세한 정보]를 순서대로 클릭하면 각각 [개인 정보의 수집 및 이용], [개인 정보의 제공]이 나옵니다. 각각 읽고 난 다음 [뒤로] 버튼]을 누르면 체크박스(☑)가 하나씩 파란색으로 바뀝니다. 모든 체크박스가 파란색으로 바뀐 뒤에 [동의]를 클릭합니다.

Microsoft

아래 사항에 동의함

Microsoft 계정을 만들려면 나열된 각 개인정보처리
방침에 대해 **자세히 알아보기**를 선택하여 Microsoft
가 귀하의 개인 데이터와 상호 작용하는 방식을 이해
해야 합니다.

✅ 개인 정보를 수집 및 이용합니다. 자세한 정보

✅ Microsoft에서 서비스를 제공할 수 있도록 제3자
에게 개인 정보를 제공합니다. 자세한 정보

[동의]

④〔계정 만들기〕화면이 뜹니다. 자신이 원래 사용하던 이메일 주소를 "someone@example.com"에 입력하고 〔다음〕을 클릭합니다.

⑤〔이름을 입력하세요〕화면이 뜹니다. 자신의 실명과 다르게 적어도 큰 문제는 없습니다. 입력을 마친 뒤 〔다음〕을 클릭합니다.

⑥ 〔생년월일을 입력하세요〕 화면이 뜹니다. 자신의 실제 생년월일과 다르게 적어도 큰 문제는 없습니다. 입력을 마친 뒤 〔다음〕을 클릭합니다.

Microsoft

← kimeduniety@naver.com

생년월일을 입력하세요.

자녀가 이 디바이스를 사용하는 경우 생년월일을 선택하여 자녀 계정을 만드세요.

국가/지역

한국 ⌄

생년월일

1988	12월 ⌄	31일 ⌄

자녀 계정을 사용하면 개인 정보 보호 및 안전상의 이유로 자녀 보호를 적용하고 이 디바이스에 대한 사용 제한을 적용할 수 있습니다. 가족 보호 앱을 사용하여 이러한 설정을 관리할 수 있습니다. https://aka.ms/family-safety-app에서 자세히 알아보기

다음

Microsoft

←   @naver.com

전자 메일 확인

@naver.com에 전송한 코드를 입력하세요. 전자 메일을 받지 못한 경우 스팸 메일을 확인하거나 다시 시도하세요.

코드 입력

☐ Microsoft 제품 및 서비스에 대한 정보, 팁, 제안을 받고 싶습니다.

동의, 계정 만들기를 선택하면 Microsoft 서비스 계약 및 개인정보 처리방침에 동의하는 것입니다. 수집된 개인 데이터, 개인 데이터의 사용 및 보유 기간에 동의합니다.

동의하고 계정 만들기

⑦ 다음 페이지에 〔전자 메일 확인〕 화면이 뜹니다. 이 화면이 뜨면 자신이 아까 ④에서 입력한 메일에 접속하여, 받은 메일함을 확인합니다.

⑧ 하단 페이지처럼 자신의 메일에 Microsoft 계정 팀(account-security-noreply@accountprotection.microsoft.com)에서 보낸 〔전자 메일 주소 확인〕 메일이 도착했습니다. 아래 보안 코드는 예시입니다. 자신이 받은 보안 코드 여섯 자리를 복사합니다.

Microsoft 계정

전자 메일 주소 확인

Microsoft 계정 설정을 마치려면 귀하가 이 전자 메일 주소의 소유자인지 확인해야 합니다.

전자 메일 주소를 확인하려면 다음 보안 코드를 사용하세요. **814738**

이 코드를 요청하지 않았다면 이 전자 메일을 무시해 주세요. 누군가 귀하의 전자 메일 주소를 잘못 입력한 것일 수 있습니다.

감사합니다.
Microsoft 계정 팀

개인정보처리방침
Microsoft Corporation, One Microsoft Way, Redmond, WA 98052

Microsoft

←   @naver.com

전자 메일 확인

historiae88@naver.com에 전송한 코드를 입력하세요. 전자 메일을 받지 못한 경우 스팸 메일을 확인하거나 다시 시도하세요.

코드 입력
_____

☐ Microsoft 제품 및 서비스에 대한 정보, 팁, 제안을 받고 싶습니다.

동의, 계정 만들기를 선택하면 Microsoft 서비스 계약 및 개인정보 처리방침에 **동의**하는 것입니다. 수집된 개인 데이터, 개인 데이터의 사용 및 보유 기간에 **동의**합니다.

동의하고 계정 만들기

⑨ 복사한 보안 코드를 〔전자 메일 확인〕 화면에서 "코드 입력"에 붙여넣기한 뒤 〔동의하고 계정 만들기〕를 클릭합니다.

⑩〔로봇을 이길 수 있도록 도와주세요.〕화면이 뜹니다. 〔다음〕을 클릭합니다.

⑪다음 화면이 뜹니다. 화살표(⊖, ⊕) 버튼을 눌러 개체(예시에서는 로봇)가 손이 가리키는 방향과 일치하도록 조정한 뒤, 〔제출하십시오〕를 클릭합니다.

⑫ 〔확인되었습니다!〕 화면이 뜹니다. 코파일럿 계정이 만들어집니다.

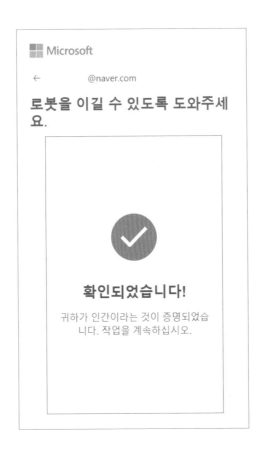

⑬ 지금부터 코파일럿을 사용할 수 있습니다.

코파일럿을 사용하려면 먼저 질문을 해야 합니다. 위 화면에서 "무엇이든 물어보세요"에 질문을 입력한 뒤 키보드의 엔터 키(↵)를 누르거나, 종이비행기 모양 버튼 (▷)을 클릭합니다. 그러면 코파일럿이 대답합니다.

제미나이

① 제미나이 홈페이지(gemini.google.com/)에 들어가면 아래와 같은 화면이 뜹니다. 제미나이는 구글에서 만든 생성형 AI이기 때문에, 사용하

려면 구글 계정이 필요합니다. 먼저 [로그인]을 클릭합니다.

② 아래처럼 로그인 화면이 뜹니다. [계정 만들기]를 클릭합니다.

G

로그인

Google 계정 사용

이메일 또는 휴대전화

이메일을 잊으셨나요?

내 컴퓨터가 아닌가요? 게스트 모드를 사용하여 비공개로 로그인하세요.
게스트 모드 사용 방법 자세히 알아보기

계정 만들기   다음

한국어 ▾   도움말   개인정보처리방침   약관

그러면 [본인 계정], [자녀 계정], [비즈니스 계정] 중 하나를 고르라고 나오는데, 이 때 [본인 계정]을 클릭합니다. 이미 구글 계정이 있는 분들은 "이메일 또는 휴대전화"에 자신의 이메일 주소 또는 휴대전화 번호를 입력한 뒤, 비밀번호를 입력하고 로그인하시면 됩니다.

③ 아래처럼 자신의 성과 이름을 입력하라는 화면이 나옵니다. 자신

G

Google 계정 만들기

이름을 입력하세요.

성(선택사항)

이름

다음

한국어 ▾   도움말   개인정보처리방침   약관

의 실제 성이나 이름이 아니어도 큰 문제는 없습니다. 차례대로 입력을 마친 뒤 〔다음〕를 클릭합니다.

④ 아래처럼 자신의 생년월일과 성별을 입력하라는 화면이 나옵니다. 자신의 실제 생년월일이나 성별이 아니어도 큰 문제는 없습니다. 입력을 마친 뒤 〔다음〕를 클릭합니다.

⑤ 아래처럼 Gmail 주소 선택하기 화면이 나옵니다. 구글 계정은 '본인 아이디@gmail.com'이라는 이메일 주소 형식으로 되어 있습니다. 구글 계정이 곧 Gmail 주소이기 때문에 그렇습니다. 구글 계정(Gmail 주소)을 만들면 구글 홈페이지에서 Gmail을 통해 이메일을 보내거나 받

을 수 있습니다.

계정은 [내 Gmail 주소 만들기]를 선택해서 직접 만들거나, 구글이 자신의 이름을 참고해서 자동으로 지어 준 Gmail 주소를 선택할 수도 있습니다. 구글에서는 저에게 'edyunitigim@gmail.com', 'gimedyuniti@gmail.com'이라는 Gmail 주소를 지어 주었습니다. 자신이 편한 것을 선택하시면 됩니다.

Gmail 주소를 만드는 대신 [기존 이메일 사용]을 클릭하면, 자신이 원래 쓰던 이메일 주소를 사용할 수는 있습니다. 그렇지만 구글 계정을 만들면 구글에서 제공하는 여러 편리한 기능을 사용할 수 있고, 구글 계정만 있으면 다른 사이트에 회원가입하지 않아도 로그인할 수 있는 등 유용한 점이 많이 있습니다.

여기서는 구글에서 지어 준 Gmail 주소를 선택하겠습니다.

⑥ 이번에는 자신이 구글 계정에 로그인할 때 쓸 비밀번호를 입력합니다. 문자, 숫자, 기호를 조합한 비밀번호가 안전합니다. "비밀번호"에 자신이 쓸 비밀번호를 한 번 입력하고, "확인"에 같은 비밀번호를 다시 한 번 입력합니다. 비밀번호를 다 입력했으면 [다음]을 클릭

안전한 비밀번호 만들기
문자, 숫자, 기호를 조합하여 안전한 비밀번호를 만드세요.

비밀번호

확인

☐ 비밀번호 표시

다음

한국어 ▼

도움말 개인정보처리방침 약관

합니다.

⑦ 아래처럼 보안문자 입력 화면이 나옵니다. 구글 계정을 만들기 위해선 휴대전화로 인증 코드를 받아야 합니다. 인증코드를 받으려면 "전화번호"에 자신의 휴대전화 번호를 입력합니다. 휴대전화 번호를 다 입력했으면 [다음]을 클릭합니다.

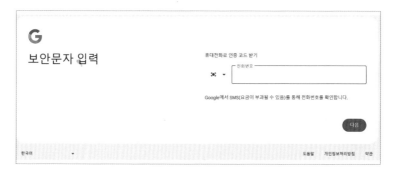

⑧ 아래처럼 자신의 휴대전화에 구글에서 보낸 인증 코드가 도착했습니다.

⑨ 휴대전화로 받은 인증 코드를 아래 화면의 "코드 입력" 부분에 입력합니다. 인증 코드를 다 입력했으면 [다음]을 클릭합니다.

G

코드 입력

6자리 인증 코드를 입력하여 문자 메시지를 받았음을 확인하세요.

코드 입력
G- |

새 코드 받기(27초)   다음

⑩ 그 다음에는 개인 정보 보호 및 약관에 동의할지를 물어보는 화면 입니다. 내용을 읽고, 동의하면 각 체크박스(ㅁ)를 클릭합니다. 체크박 스를 클릭하면 "☑"와 같이 체크 표시가 추가됩니다. 체크박스에 다 체 크했으면 〔계정 만들기〕를 클릭합니다.

G

개인 정보 보호 및 약관

Google 계정을 생성하기 전에 **Google의 약관을 주의 깊게 읽어보시기 바랍니다.** Google 계정을 생성하기 위해서는 Google 서비스 약관, 위치서비스 이용약관 **및** 개인 정보 수집항목·이용목적·보유기간에 동의해야 합니다. 귀하는 Google의 개인 정보 수집·이용에 동의하지 않을 권리 가 있으며, 동의를 하지 않을 경우 귀하의 Google 서비스 이용 이 제한될 수 있습니다.

Google의 서비스 약관에는 사용자와 Google의 관계, Google 서비스에서 제공하는 콘텐츠와 소프트웨어의 사용, 분쟁 해결 을 포함하지만 이에 국한되지 않는 중요한 내용이 설명되어 있습니다.

또한 계정을 만들 때 Google에서는 다음과 같은 주요 사항을 포함하여 Google 개인정보처리방침에 설명된 바와 같이 사용 자의 정보를 처리합니다.

⑪ 아래처럼 복구 이메일 추가 화면이 나옵니다. 복구 이메일을 정 해 놓으면 자신이 만든 구글 계정이 해킹당했을 때 등, 구글 계정을 사 용할 수 없을 때, 복구 메일로 안내를 받을 수 있습니다. 자신이 원래 사용하던 이메일 주소를 "복구 이메일 주소"에 입력하고, 〔다음〕을 클 릭합니다.

복구 이메일이 필요 없으면 〔건너뛰기〕를 클릭합니다.

⑫ 아래처럼 계정 정보 검토 화면이 나옵니다. 자신이 만든 구글 계정(Gmail 주소)과 휴대전화 번호가 표시됩니다. 확인을 마쳤으면 〔다음〕을 클릭합니다.

⑬ 구글 계정 만들기를 완료했습니다. 다시 제미나이 홈페이지(gemini.google.com/)에 들어가서 〔로그인〕을 클릭합니다.

⑭ 그러면 아래처럼 로그인 화면이 뜹니다. "이메일 또는 휴대전화"에 자신의 구글 계정 아이디(Gmail 주소) 또는 휴대전화 번호를 써 넣고 〔다음〕을 클릭합니다.

다음 화면에서는 자신의 구글 계정 비밀번호를 입력합니다. 비밀번호를 다 입력했으면 〔다음〕을 클릭합니다.

⑮ 지금부터 제미나이를 사용할 수 있습니다.

제미나이를 사용하려면 먼저 질문을 해야 합니다. 아래 화면에서 "여기에 프롬프트 입력"에 질문을 입력한 뒤 키보드의 엔터 키(↵)를 누릅니다. 그러면 제미나이가 대답합니다.

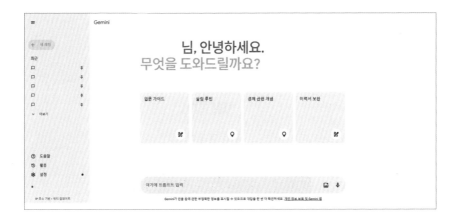

뤼튼

① 뤼튼 홈페이지(https://wrtn.ai/)에 들어가면 아래와 같은 화면이 뜹니다. 아직 뤼튼 계정이 없으신 분은 계정을 새로 만들어야 합니다.

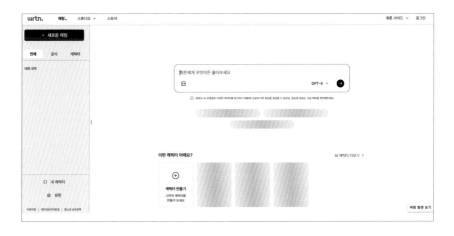

계정을 만들려면 일단 [로그인]을 클릭합니다. 또는 "뤼튼에게 무엇이든 물어보세요"에 질문을 입력한 뒤에 키보드의 엔터 키(↵)를 누르

거나, 화면의 오른쪽 화살표 모양 버튼 (➡)을 클릭합니다. 그러면 아래와 같은 화면이 뜹니다.

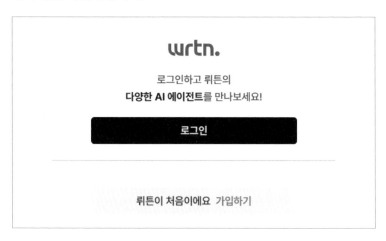

［뤼튼이 처음이에요 가입하기］를 클릭합니다.

② 서비스 이용자 연령 확인 화면이 뜹니다. ［만 14세이상입니다］를 클릭합니다.

③ 뤼튼에 회원가입을 하려면 이메일 인증을 해야 합니다. 자신이 원래 사용하던 이메일 주소를 "아이디"에 입력하고, 〔인증요청〕을 클릭합니다.

아래처럼 자신의 메일에 뤼튼(no-reply@wrtn.ai)에서 보낸 이메일 인증 메일이 도착했습니다. 아래는 예시입니다. 자신이 받은 코드 6자리를 복사합니다.

복사한 코드를 "인증코드"에 붙여넣기하고 〔확인〕을 클릭합니다.

그 다음 [계속(1/3)]을 클릭합니다.

회원가입

가입을 위해 이메일 인증을 진행해주세요.

아이디

user12345@wrtn.com   재요청

인증코드

Z21CJ3   확인

계속 (1/3)

④ 비밀번호 만들기 단계입니다. 대소문자, 숫자, 특수문자 (@$!%*#?&) 포함 15자 이내로 비밀번호를 입력합니다. 비밀번호를 다 입력했으면 [계속(2/3)]을 클릭합니다.

비밀번호 만들기

비밀번호는 한번만 입력하니 주의해서 입력해 주세요.

아이디

비밀번호

대소문자, 숫자, 특수문자(@$!%*#?&) 포함 15자 이내

비밀번호를 입력해주세요   ∅

계속 (2/3)

⑤ 서비스 이용약관 동의 단계입니다. [선택]을 제외한 [필수] 약관들 옆에 있는 [보기]를 눌러 확인한 뒤, 동의한다면 각 체크박스(□)를

클릭합니다. 체크박스를 클릭하면 "☑" 와 같이 체크 표시가 추가됩니다. 〔선택〕을 제외한 〔필수〕 약관들 옆 체크박스에 다 체크했으면 〔가입완료〕를 클릭합니다.

⑥ 프로필 작성 화면입니다. 닉네임은 필수이고, 성별, 나이(출생연도), 직업은 선택하지 않아도 됩니다. 닉네임을 다 정했으면 〔다음〕을 클릭합니다.

⑦ 뤼튼 가입이 완료되었습니다. 〔시작하기〕를 클릭합니다. 굳이 클릭하지 않아도 자동으로 다음 화면으로 바뀝니다.

⑧ 지금부터 뤼튼을 사용할 수 있습니다.

뤼튼을 사용하려면 먼저 질문을 해야 합니다. 아래 화면에서 "뤼튼에게 무엇이든 물어보세요"에 질문을 입력한 뒤 키보드의 엔터 키(↵)

를 누르거나, 화면의 오른쪽 화살표 모양 버튼 (➡)을 클릭합니다. 그러면 뤼튼이 대답합니다.

큐

① 먼저 네이버 홈페이지(https://www.naver.com/)에 들어가서 "NAVER 로그인"(　NAVER 로그인　)을 클릭해 로그인합니다.

이 책을 읽고 계신 선생님들도 아마 대부분은 평소에 네이버를 이용하시거나, 네이버 계정을 갖고 있으실 것이라 생각합니다. 따라서 네이버 회원가입 및 로그인하는 방법은 따로 설명하지 않고 넘어가도록 하겠습니다.

② 네이버에서 "네이버 큐"를 검색하거나, 주소창에 직접 네이버 큐 홈페이지 주소(https://cue.search.naver.com/)를 입력하면 아래와 같은 화면이 뜹니다. 아래의 "대화하기"를 클릭합니다.

③ 지금부터 큐를 사용할 수 있습니다.

큐를 사용하려면 먼저 질문을 해야 합니다. 위 화면에서 "대화하듯
검색하세요"에 질문을 입력한 뒤 키보드의 엔터 키(↵)를 누르거나, 종
이비행기 모양 버튼(▷)을 클릭합니다. 그러면 큐가 대답합니다.

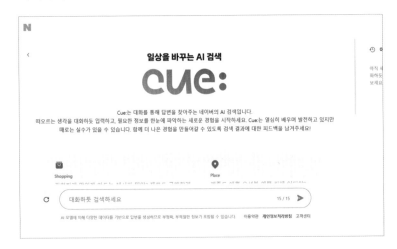

챗GPT에게
좋은 대답을
받기 위한
"질문 잘하는 방법"

챗GPT를 비롯한 생성형 AI는 마치 사용자와 대화하듯 질문에 대답합니다. 그런데 생성형 AI에게 이 책에 나오는 질문과 똑같이 질문한다고 반드시 똑같은 대답이 나오는 것은 아닙니다. 그렇기 때문에 생성형 AI에게 좋은 대답을 받기 위해서는 다소 노력이 필요합니다. 이 장에서는 생성형 AI에게 좋은 대답을 받기 위해서 질문 잘하는 방법을 다룹니다.

생성형 AI의 대답은 왜 계속 달라질까?

챗GPT를 비롯한 생성형 AI의 대답은 상황에 따라 달라집니다. 첫째로, 생성형 AI가 질문한 사람으로부터 사전에 어떤 설명을 들었는지에 따라 대답이 달라집니다. 둘째로, 생성형 AI가 비슷한 질문에 그동안 얼마나 대답하면서 성장했는지에 따라 대답이 달라집니다. 셋째로, 생성형 AI가 어떤 자료들을 학습했고, 참고하는지에 따라 대답이 달라집니다. 넷째로, 생성형 AI의 종류에 따라 대답이 달라집니다. 마지막으로, 질문 내용이 얼마나 자세하고 정확한지에 따라 대답이 달라집니다.

그 때문에 이 책에 쓰여진 대로 질문해도 생성형 AI는 다르게 대답할 수 있습니다. 마치 "같은 강물에 발을 두 번 담글 수 없다"라는 말과 비슷합니다. 여러분들은 이 점을 이해하시고 생성형 AI를 직접 사용하면서 자신만의 활용 방법을 터득하면 좋겠습니다. 단, 생성형 AI에게 비교적 좋은 대답을 받는 방법은 있습니다. 바로 질문을 잘 하는 것입니다. 질문을 잘하는 방법은 여러 가지가 있겠지만, 크게 세 가지로 정리할 수 있습니다.

질문 잘하는 법 1: 원하는 것을 뚜렷하게 구체적으로 설명하기

생성형 AI를 사용할 때 원하는 게 뚜렷하도록 최대한 구체적으로 설명할 필요가 있습니다. 생성형 AI는 사용자의 설명을 듣고, 최대한 거기에 맞게 대답해 주려고 노력하기 때문입니다.

우선, 생성형 AI에게 여러분 자신에 대해 자세히 설명해 주는 것이 좋습니다. 여러분이 어떤 사람이고, 지금 어떤 상황인지 등을 설명하는 것입니다. 그것을 알게 되면 생성형 AI는 여러분의 특성을 고려하여 적절하게 대답할 수 있습니다.

그 다음, 생성형 AI에게 여러분이 무엇을 원하는지를 자세히 설명해 주는 것이 좋습니다. 여러분이 무엇에 관해 듣고 싶은지, 그걸 어떤 형태로, 어느 정도 분량으로 듣고 싶은지를 설명하는 것입니다. 이렇게 설명해야 생성형 AI는 여러분들의 요구에 맞게 대답을 할 수 있습니다.

예를 들어 여러분이 생성형 AI에게 "고대 아테네 민주정의 발전 과정을 설명해 주세요"라고 질문했을 때보다, "저는 고등학교에서 세계사 과목을 가르치고 있습니다. 이번에 고대 아테네 민주정의 발전을 주제로 교실에서 수업을 할 예정입니다. 펠로폰네소스 전쟁 이전에 아테네의 민주정을 이끈 인물들 3명과 그들의 정책을 시간 순서에 따라 한글 글자수 300자 이내로 정리해 주십시오"라고 질문했을 때 생성형 AI는 여러분이 원하는 대답을 해줄 수 있습니다.

질문 잘하는 법 2: 창의적이어야 할 땐 열린 질문하기

질문을 할 때, 때로는 하나의 정해진 답보다는 다양한 아이디어를 필요로 할 때도 있습니다. 그럴 때는 열린 질문을 할 필요가 있습니다. 열린 질문이란 이야기를 듣는 상대방이 좀 더 자유롭게 생각하고 말할 수 있는 질문입니다. 생성형 AI에게 열린 질문을 하면, 생성형 AI는 자신이 가능한 범위 내에서 여러 가지 창의적인 대답들을 해줄 수 있습니다.

이 경우에는 생성형 AI에게 구체적으로 어떤 것을 해 달라고 하기보다는, 생성형 AI가 어떤 것들을 해줄 수 있는지 물어보는 것이 좋습니다. 그러면 생성형 AI는 자신이 해줄 수 있는 것들을 최대한 많이 알려줄 것입니다. 생성형 AI는 지속적으로 학습하면서 진화하고 있는 만큼, 할 수 있는 것들도 점점 더 늘어날 것입니다. 생성형 AI가 어떻게, 얼마만큼 진화하고 있는지를 파악하는 데도 용이합니다.

다만, 열린 질문일 때도 어느 정도 방향성은 필요합니다. 적어도, 자신이 질문하는 이유가 무엇 때문인지는 설명해 주어야 거기에 맞는 대답을 해줄 수 있습니다.

예를 들어 여러분이 생성형 AI에게 "나에게 역사 관련 퀴즈를 내 주세요"라고 질문했을 때보다, "나에게 어떤 유형의 역사 관련 퀴즈를 만들어줄 수 있나요?"라고 질문했을 때 생성형 AI가 여러분들을 위해 만들어 줄 수 있는 퀴즈 유형도 크게 늘어납니다.

질문 잘하는 법 3: 글을 다듬고 싶을 땐 계속 이야기하기

생성형 AI와 질문, 대답을 한 번씩만 주고받고 대화가 끝날 수도 있지만, 계속해서 질문과 대답을 주고받으며 대화를 이어나갈 수도 있습니다. 이렇게 하면 처음 받았던 대답을 지속적으로 개선할 수 있습니다.

생성형 AI가 한 대답이 마음에 들지 않은 경우, 또는 대답을 좀 더 수정하거나 보완해 주길 바랄 때가 있습니다. 생성형 AI에게 이런 점들을 이야기해 주면, 생성형 AI는 그에 따라 자기 대답을 고쳐서 좀 더 완성도 높은 대답을 내어놓습니다.

생성형 AI의 대답을 고쳐 달라고 하는 것뿐만 아니라, 생성형 AI에게 여러분이 적절하게 질문하고 있는지를 물어볼 수도 있습니다. 여러분이 질문한 내용을 생성형 AI가 잘못 이해할 때도 있기 때문입니다. 그 때는 여러분이 질문한 내용 중에 이해되지 않는 부분은 없는지 생성형 AI에게 질문해 보는 것이 좋습니다. 생성형 AI는 여러분이 한 질문 중 이해하지 못하는 부분에 대해 말해주고, 질문 내용을 어떻게 다듬어야 할지도 조언해줄 수 있습니다. 이런 방법으로 점점 더 좋은 대답을 얻을 수 있게 됩니다.

예를 들어 여러분이 생성형 AI의 대답을 읽은 다음, "다른 예시를 들어 주세요", "더 자세한 설명이 필요합니다" 라고 이야기해서 대답을 수정하거나 보완해달라고 하는 방법이 있습니다. 한편, 생성형 AI에게 "내가 한 질문 중에 이해되지 않는 부분이 있나요?", "내가 어떻게 질문하면 좋을까요?" 라고 질문해서, 여러분들의 질문 내용을 개선하는 방법도 있습니다. 생성형 AI와 서로 피드백을 계속해서 주고받으며, 생성형 AI를 더욱 효과적으로 활용하시기를 바랍니다.

2장

챗GPT로
역사 지식 이해하기

역사 지식
검색하기

이 장에서는 생성형 AI를 활용해 역사적 지식을 탐색하는 방법을 다룹니다. 여기서는 '만적의 난'을 예시로 들어 보겠습니다. 이 장에서는 '제미나이'를 활용합니다.

기본적인 설명 물어보기

제미나이에 접속해서 다음과 같이 질문합니다.

> 한국에서 일어난 '만적의 난'에 대해 설명해 주세요.

보통 네이버나 구글 등에서 '만적의 난'에 대해 검색할 때는 '만적의 난', '만적의 난 설명' 등 주로 단어 형식으로 입력합니다. 물론 제미나이 등 생성형 AI에서도 '만적의 난'이라고 단어만 입력해도 만적의 난에 대한 설명이 나오지만, 보통 생성형 AI는 위와 같이 문장 형태로, 그리고 질문이나 요청하는 내용을 쓰는 것이 일반적입니다. 그렇게 해야 생성형 AI가 사용자에게 잘 대답해 줄 수 있다는 것을 이미 제3장 '챗GPT에게 좋은 대답을 받기 위한 "질문 잘하는 방법"'에서 다루었습니다(이 책 49~53쪽 참고).

제미나이의 대답입니다.

만적의 난 (萬積의 亂)

만적의 난은 1198년(신종 1년) 고려 무신 정권 시기에 노비 만적이 중심이 되어 일으키려다 미수에 그친 노비 해방운동입니다.

배경

- 12세기 후반 고려는 무신 정권 시대였으며, 사회는 엄격한 신분 질서로 구분되어 있었습니다.
- 특히 노비는 가장 낮은 신분으로 인간적인 삶을 누리지 못했습니다. 이러한 사회적 불평등에 대한 불만이 점차 커지고 있었습니다.

만적의 난

- 만적은 개경에 사는 사노비였으며, 뛰어난 지략과 리더십을 가지고 있었습니다.
- 그는 다른 노비들과 함께 봉기를 계획하고, 신분 해방을 요구했습니다.
- 봉기 시도는 1198년 5월 개경에서 일어났지만, 사전에 계획이 발각되어 실패로 끝났습니다.
- 만적은 체포되어 처형되었고, 다른 참여자들도 처벌을 받았습니다.

영향

- 만적의 난은 실패했지만, 한국 역사상 최초의 노비 해방운동으로 큰 의미를 지닙니다.
- 이 사건은 이후 다른 노비 봉기에 영향을 미쳤으며, 신분제도 개선에 대한 논의를 촉발했습니다.

만적의 난의 평가

- 만적의 난은 비록 실패했지만, 고려 사회의 모순을 드러낸 중요한 사건입니다.
- 또한, 노비들의 억압된 삶과 해방에 대한 열망을 보여주는 상징적인 사건으로 평가됩니다.

제미나이는 먼저 '만적의 난' 개요를 설명했습니다. 이어서 이 사건의 배경, 전개, 영향, 평가를 제시했습니다. 아직까지는 백과사전이나 검색 사이트에서 '만적의 난'을 찾아 보는 것과 비슷해 보입니다. 그런데 제미나이를 비롯한 생성형 AI는 사용자가 질문을 어떻게 하느냐에 따라 원하는 형태의 역사 지식을 검색해 줍니다.

사건의 배경/원인/전개/결과/영향 물어보기

제미나이를 비롯한 생성형 AI는 역사적 사건의 배경 및 원인, 전개, 결과 및 영향을 좀 더 깊이 알 수 있게 정리해줍니다. 제미나이에게 질문합니다.

> 만적의 난 계획이 사전에 발각된 계기는 무엇입니까?

이번에는 만적의 난 계획이 사전에 발각된 계기를 질문했습니다. 해당 사건과 관련된 여러 지식 및 정보들 중 특정한 지식 및 정보를 묻는 것입니다.

제미나이의 대답입니다.

만적의 난 계획은 노비 순정이라는 인물이 그의 주인 한충유에게 밀고함으로써 사전에 발각되었습니다.

만적의 난 계획 발각 과정:
1. 만적 등 노비들은 북산에서 땔나무를 하면서 봉기를 계획했습니다.
2. 계획 내용은 노비 순정에게도 알려졌습니다.
3. 순정은 망설이다가 결국 자신의 주인인 한충유에게 만적의 난 계획을 밀고했습니다.
4. 한충유는 이 사실을 당국에 알렸고, 만적 등은 체포되어 처형되었습니다.

계획 발각의 원인:
1. 순정이 왜 밀고를 했는지에 대한 명확한 기록은 없습니다.
2. 개인적인 이유, 또는 봉기 실패에 대한 두려움 등 다양한 추측이 있습니다.
3. 당시 사회 상황을 고려했을 때, 노비가 주인에게 밀고를 하는 것은

드문 일이 아니었습니다.

4. 봉기 계획은 주인에게 위협으로 여겨졌고, 밀고를 통해 안전을 확보하려는 노비들이 있었습니다.

만적의 난 계획 발각의 영향:

1. 만적의 난은 실패로 끝났지만, 이후 노비 봉기에 영향을 미쳤습니다.

2. 봉기 계획을 더욱 철저하게 준비해야 한다는 인식을 심어주었습니다.

3. 또한, 봉기 실패에 대한 두려움을 증가시켜 봉기 참여를 주저하게 만들기도 했습니다.

제미나이는 만적의 난이 사전에 발각된 계기를 자세하게 대답했습니다. 먼저, 반란이 사전에 발각된 계기를 요약했습니다. 이어서 반란 계획이 발각되는 과정을 시간 순서에 따라 설명했고, 반란 계획이 발각된 원인은 무엇이었는지를 추측하고 있습니다. 반란 계획이 발각된 원인에 대해서는 분명한 기록은 없다고 하면서도, 나름대로 개인적 및 사회적 차원에서 원인 분석을 하고 있습니다. 마지막으로 반란 계획이 발각됨으로써 어떤 영향을 미쳤는지를 여러 측면에서 설명했습니다. 이와 같이 사건의 배경이나 원인, 전개, 결과 및 영향 등 특정 국면에 대한 지식과 정보를 물어 보았을 때 생성형 AI는 해당 국면에 관한 내용만을 추려 대답합니다.

역사적 사건의 관련 인물들에 대해 물어보기

제미나이를 비롯한 생성형 AI는 역사적 사건의 관련 인물들이 어떤 역할을 했는지를 정리해줄 수 있습니다. 제미나이에게 질문합니다.

> '만적의 난'에 관련된 주요 인물들의 생애, 업적, 역할 등을 함께 보여
> 주세요.

앞에서 역사적 사건의 특정 국면에 대해 질문했다면, 이번에는 해당 사건과 관련된 인물에 관한 지식 및 정보에 대해 물어보았습니다.

제미나이의 대답입니다.

만적:
- 생애: 생몰년 미상, 고려 시대 노비
- 업적: 1198년 만적의 난을 주도
- 역할: 봉기의 지도자, 노예들의 자유를 위해 목숨 바친 인물
- 평가: 고려 시대 최초의 노비 해방 운동을 이끈 인물

최충헌:
- 생애: 1149년~1219년, 고려 시대 무신
- 업적: 정변을 통해 집권한 고려 후기의 최고 실권자
- 역할: 만적의 난 진압 지휘, 봉기를 잔혹하게 진압한 인물
- 평가: 고려 시대 무신 정권의 기반을 마련한 인물

이의민:
- 생애: ?년~1196년, 고려 시대 무신

- 업적: 무신정변의 주역, 최충헌의 아버지(*잘못된 내용)[2]
- 역할: 만적의 난 발생 배경 마련, 노비 출신으로 높은 지위에 오른 인물
- 평가: 무신 정권의 등장을 이끈 인물

미조이, 연복, 성복, 소삼, 효삼:
- 생애: 생몰년 미상, 만적의 난에 참여한 노비
- 업적: 만적의 난 주요 참여자
- 역할: 봉기의 동료, 만적과 함께 봉기를 이끈 인물
- 평가: 역사에 이름이 남지 못했지만, 봉기의 중요한 구성원

제미나이는 만적의 난과 관련된 여러 인물들의 생애, 업적, 역할, 평가를 정리했습니다.[3] 저의 질문 내용을 바탕으로 만적의 난 관련 인물들의 생애, 업적, 역할, 평가를 항목별로 일목요연하게 정리해 주었습니다. 제미나이를 비롯한 생성형 AI를 잘 활용하면 각각의 역사적 사건이 어떤 인물들과 관련이 있고, 그들은 그때 무엇을 했는지를 쉽게 정리할 수 있습니다.

비슷한 시기 다른 지역에서 일어난 사건에 대해 물어보기
제미나이를 비롯한 생성형 AI로는 어느 역사적 사건이 일어났을 즈

---

2 이의민은 최충헌의 아버지가 아닙니다. 최충헌의 아버지는 고려의 상장군이었던 최원호(崔元浩)였습니다. 제미나이를 비롯한 생성형 AI가 종종 저지르는 잘못에 대해서는 제4부 11장에서 자세히 다룰 예정입니다.

3 단, '미조이, 연복, 성복, 소삼, 효삼'이 역사에 이름이 남지 못했다고 설명했지만, 이 부분은 잘못된 내용입니다. 이들은 공식 기록인 『고려사절요』에까지 이름이 남아 있기 때문입니다. 생성형 AI가 종종 저지르는 잘못에 대해서는 앞의 주석에서 설명한 대로 제4부 11장에서 자세히 다룰 예정입니다.

음 다른 지역에서는 어떤 사건들이 일어났는지 살펴볼 수도 있습니다. 제미나이에게 질문합니다.

만적의 난과 비슷한 시기, 한국 이외의 다른 지역에서 일어난 사건을 알려 주세요.

제미나이의 대답입니다.

만적의 난 (1198년)과 비슷한 시기에 일어난 다른 지역의 주요 사건들

유럽
- 제3차 십자군 전쟁(1189–1192): 리처드 1세 (영국), 필리프 2세 (프랑스), 프리드리히 1세 (독일) 등이 예루살렘을 탈환하기 위해 십자군을 이끌고 출정했지만, 예루살렘을 함락하지 못하고 1192년 휴전 협정을 맺고 귀환했습니다.
- 잉글랜드 왕 리처드 1세 사망(1199): 십자군 원정 중에 프랑스 왕 필리프 2세와 갈등을 겪었고, 귀환 후 리모주 자작의 영지 침공 과정에서 석궁에 맞아 사망했습니다.
- 교황 인노첸시오 3세 즉위(1198): 강력한 교황 권력을 추구하며 교황 중심의 기독교 세계 질서를 구축하려 했습니다.

아시아
- 몽골 제국의 탄생(1206): 칭기즈칸이 몽골 부족들을 통합하여 몽골 제국을 세웠습니다.

- 서하 멸망(1227): 몽골 제국의 침략으로 서하가 멸망했습니다.
- 진나라 멸망(1234): 몽골 제국의 침략으로 진나라가 멸망했습니다.(*잘못된 내용)[4]

중동
- 아랍 제국의 쇠퇴: 셀주크 튀르크의 침략과 내부 분열로 아랍 제국의 쇠퇴가 가속화되었습니다.
- 아이유브 왕조의 등장(1171): 살라딘이 이집트를 중심으로 아이유브 왕조를 세웠습니다.
- 제3차 십자군 전쟁(1189–1192): 십자군과 아이유브 왕조의 전쟁이 일어났습니다.

아프리카
- 가나 제국의 쇠퇴: 베르베르족의 침략과 무역로 변화로 가나 제국의 쇠퇴가 가속화되었습니다.
- 말리 제국의 등장(1235): 순디아타 케이타가 말리 제국을 세웠습니다.

남아메리카
- 잉카 제국의 확장: 잉카 제국이 쿠스코를 중심으로 영토를 확장하기 시작했습니다.

---

4 여기서 '금나라'가 '진나라'로 잘못 쓰여 있습니다. 챗GPT나 Gemini 등 미국에서 만들어진 생성형 AI는 기본적으로 영어를 사용하기 때문에 나타나는 한계입니다. 이들 생성형 AI는 사용자가 한국어로 질문해도, 그 내용을 일단 영어로 번역해서 알아듣습니다. 대답할 때도 우선 영어로 대답을 준비했다가, 그것을 한국어로 바꿔서 말해 줍니다. 그 때문에 오류가 생기기도 합니다. 금나라(金, 1115~1234)와 진나라(晉)는 영어로 쓸 때 모두 Jin Dynasty입니다. Gemini는 대답할 때 1234년에 Jin Dynasty(금나라)가 멸망했다는 내용을 한국어로 번역하면서, '금나라'가 아니라 '진나라'로 번역하는 잘못을 저질렀습니다. 생성형 AI가 대답해준 내용을 덥석 받아들이지 않고 비판적으로 받아들여야 함을 다시 한번 깨닫게 합니다.

만적의 난(1198년)과 비슷한 시기, 유럽, 아시아, 중동, 아프리카, 남아메리카, 북아메리카에서 무슨 일이 일어났는지 지역별로 나누어 설명했습니다. 한국사는 교과 내용이 대개 시간의 흐름에 따라 전개되지만, 세계사나 동아시아사(동아시아 역사 기행)는 비슷한 시기에 서로 다른 지역에서 무슨 어떤 일이 일어났는지 알아야 하는 경우가 있습니다. 그런 경우에는 위와 같이, 비슷한 시기에 다른 지역에서 무슨 일이 일어났는지 물어볼 수 있습니다.

한편, 만적의 난과 비슷한 시기에 일본에서 일어난 사건을 좀 더 자세히 알아보겠습니다. 제미나이에게 질문합니다.

만적의 난이 일어난 해, 일본에서 일어난 사건을 알려 주세요.

제미나이의 대답입니다.

만적의 난(1198년) 당시 일본의 주요 사건
만적의 난이 일어난 1198년, 일본에서는 다음과 같은 주요 사건들이 일어났습니다.

1. 가마쿠라 막부 설립 (1192년)
1192년, 미나모토노 요리토모가 가마쿠라에 막부를 설립하여 일본 최초의 무사 정권을 세웠습니다.
이 사건은 일본 역사의 전환점이 되었으며, 무사 계층의 시대를 열었습니다.

2. 쇼지 원년 (1199년)
1199년은 쇼지 원년으로, 쇼군 미나모토노 요리토모가 사망하고 그의 아들 미나모토노 사네토모가 2세 쇼군으로 즉위했습니다.
사네토모는 어린 나이에 즉위했기 때문에, 그의 외삼촌 호조 토키마사가 싯켄(섭정)으로서 실권을 장악했습니다.

3. 오슈 전쟁 (1189년)
1189년 9월부터 10월까지 오슈 지방에서 오슈 후지와라씨와 가마쿠라 막부 사이의 전쟁이 일어났습니다.
1189년은 전쟁의 결정적인 단계였으며, 막부군이 오슈 후지와라씨를 패배시키고 오슈 지방을 지배하게 되었습니다.

4. 죠큐 원년 (1219년)
1219년은 죠큐 원년으로, 새로운 연호가 사용되기 시작했습니다.

5. 기타 사건들:
1198년에는 일본 전역에서 다양한 불교 사찰이 건립되었습니다. 또한, 새로운 문학 작품들이 창작되고, 예술 분야에서도 발전이 있었습니다.

추가 정보:

만적의 난은 고려 역사의 중요한 사건이지만, 일본 역사에는 큰 영향을 미치지 않았습니다.

하지만, 당시 동아시아 지역은 정치적, 사회적으로 많은 변화를 겪고 있었습니다.

만약 만적의 난과 일본 역사에 대해 궁금한 점이 있으면 언제든 질문해주세요.

제미나이는 만적의 난과 비슷한 시기 일본에서 일어난 여러 사건들을 정리해 주었습니다. 또한 만적의 난이 일본 역사에 영향을 미치지는 않았지만, 당시 한국(고려)과 일본을 비롯한 동아시아 지역이 많은 변화를 겪었다는 것을 알려 주었습니다.[5]

유사한 사건이 있는지 물어보기

제미나이를 비롯한 생성형 AI로는 어느 역사적 사건과 유사한 사건이 있는지 물어볼 수도 있습니다. 제미나이에게 질문합니다.

만적의 난과 유사한 사건을 찾아 비교, 분석해 주세요.

제미나이의 대답입니다.

---

5 단, 사건 발생 연도 및 기간 등에는 몇몇 잘못된 내용이 들어 있습니다.

만적의 난과 유사한 사건 비교 분석

만적의 난은 1198년 고려 시대에 일어난 노비 해방운동입니다. 비슷한 시대적 배경과 목표를 가지고 일어난 다른 지역의 사건들과 비교 분석하여 만적의 난의 특징과 역사적 의미를 더욱 명확하게 이해할 수 있습니다.

1. 로마 노예 반란 (기원전 73년)

- 스파르타쿠스가 이끈 노예 반란은 로마 공화국의 기반을 위협할 정도로 큰 규모였습니다.
- 만적의 난보다 훨씬 더 많은 사람들이 참여했고, 더 오랜 기간 지속되었습니다.
- 로마 사회의 극심한 신분 불평등과 착취에 대한 노예들의 저항이라는 공통점이 있습니다. 하지만, 로마 노예 반란은 결국 진압되었고, 노예제도는 계속 유지되었습니다.

2. 투생 루베르튀르의 반란 (1791년)

- 프랑스 혁명 초기 흑인 노예들이 자유와 평등을 요구하며 일으킨 반란입니다.
- 혁명의 이상과 현실 사이의 모순을 드러낸 사건으로 평가됩니다.
- 만적의 난과 마찬가지로, 억압받는 계층이 자유를 위해 봉기했다는 공통점이 있습니다. 하지만, 투생 루베르튀르의 반란은 프랑스 혁명 정부에 맞서 성공적으로 노예 해방을 이끌어냈습니다.

3. 존 브라운의 노예 해방 운동 (1859년)

- 미국 남부에서 노예 해방을 위해 폭력 투쟁을 벌인 사건입니다.
- 미국 남북 전쟁 발발의 중요한 계기가 되었습니다.

- 만적의 난과는 달리, 실제로 폭력을 사용했다는 점에서 차이가 있습니다. 하지만, 노예 해방이라는 목표는 공통적으로 가지고 있습니다.

비교 분석 결과

사건	시대	규모	결과	공통점	차이점
만적의 난	1198년, 고려	비교적 소규모	실패	신분 불평등에 대한 저항	폭력 사용 없음
로마 노예 반란	기원전 73년, 로마	대규모	실패	신분 불평등에 대한 저항	폭력 사용
투생 루베르튀르의 반란	1791년, 프랑스	대규모	성공	혁명 이상과 현실의 모순에 대한 저항	혁명 정부에 저항
존 브라운의 노예 해방 운동	1859년, 미국	비교적 소규모	실패	노예 해방을 위한 폭력 투쟁	폭력 사용

제미나이는 만적의 난을 노비 해방운동으로 분류합니다. 그 다음 역사상의 노예 해방운동들을 알려 주었습니다. 각각의 사건들을 요약하고 역사적 의의를 설명할 뿐만 아니라, 만적의 난과는 어떤 공통점과 차이점이 있는지 비교하고 분석했습니다. 그리고 자기가 나름대로 비교, 분석한 내용을 표로 만들어 제시합니다. 바로 앞에서는 비슷한 시기의 사건을 찾아 달라는 질문이었다면, 이번에는 비슷한 종류의 사건을 찾아 달라는 질문이었습니다. 비슷한 종류의 사건들과 비교하면서 해당 사건의 성격을 더욱 분명하게 이해할 수 있습니다.

다른 관점의 해석 물어보기

앞에서 제미나이가 만적의 난에 관해 설명해 준 내용은 얼핏 보면 중립적인 것처럼 보입니다. 그렇지만 노비의 입장을 동정하며 노비 해방 운동의 역사적 의의를 강조하고 있습니다. 만적의 난을 노비의 관점에서만 바라보고 있는 것이죠. 제미나이를 비롯한 생성형 AI를 활용해서 여러 관점에서 역사적 사건을 해석할 수도 있습니다.

제미나이에게 질문합니다.

> 만적의 난을 당시 지배층의 입장에서 설명해 주세요.[6]

제미나이의 대답입니다.

> **만적의 난: 고려 지배층의 시각**
>
> **1. 위협으로 인식된 만적의 난:**
> • 1198년, 만적이 이끄는 노비들은 고려 사회의 질서를 위협하는 존재로 여겨졌습니다.
> • 당시 사회는 엄격한 신분 제도를 기반으로 유지되었으며, 노예의 봉기는 지배층의 권력과 안전에 직접적인 위협이었습니다.

---

6 물론 민중 봉기와 같은 역사적 사건을 당시 지배층의 입장에서 다시 해석하려는 것은 일반적이지는 않습니다. 어디까지나 생성형 AI의 사용법을 익히기 위해 실험 차원에서 해 본 질문입니다.

- 특히, 만적의 난은 다른 봉기와 달리 비교적 규모가 컸고, 조직적이었기 때문에 지배층에게 더욱 큰 공포를 안겨주었습니다.

2. 봉기 진압을 위한 노력:
- 지배층은 군대를 동원하여 만적의 난을 진압하기 위해 노력했습니다.
- 잔혹한 토벌을 통해 봉기를 진압하고, 반란에 참여한 노비들을 처벌했습니다.
- 또한, 향후 봉기를 예방하기 위해 노예에 대한 통제를 강화했습니다.

3. 만적의 난에 대한 지배층의 우려:
- 만적의 난은 사회 불안을 야기하고, 정치적 불안정을 초래할 수 있다는 우려가 있었습니다.
- 또한, 노예들의 봉기가 계속되면 사회 질서가 무너질 것이라는 두려움도 있었습니다.
- 이러한 우려는 지배층의 강력한 진압 조치로 이어졌습니다.

4. 만적의 난 이후 변화:
- 만적의 난 이후, 고려 사회는 노예에 대한 통제를 더욱 강화했습니다.
- 또한, 노예들의 삶은 더욱 힘들어졌습니다.
- 이러한 변화는 만적의 난이 지배층에게 미친 심각한 영향을 보여줍니다.

5. 만적의 난에 대한 지배층의 해석:
- 지배층은 만적의 난을 사회 질서를 위협하는 불순한 행위로 해석

했습니다.

- 또한, 봉기가 신분 제도에 대한 도전으로 여겨질 수 있다는 우려를 가지고 있었습니다.
- 이러한 해석은 지배층의 강경한 입장을 강화시켰습니다.

6. 만적의 난의 역사적 의미:

- 만적의 난은 고려 사회의 불평등 문제를 드러낸 사건입니다.
- 또한, 노예들의 봉기 가능성을 보여줌으로써 지배층에게 위협적인 존재로 인식되었습니다.
- 이러한 의미에서 만적의 난은 고려 사회의 변화를 가속화하는 계기가 되었다고 평가할 수 있습니다.

추가 정보:

- 만적의 난은 한국 역사상 최초의 노비 해방운동으로 평가됩니다.
- 하지만, 봉기는 실패로 끝났고, 만적은 처형되었습니다.

이번에는 만적의 난에 대한 서술 관점이 바뀌었습니다. 위의 예시가 철저히 지배층 중심의 서술인 것은 아니지만, 대체로 보면 지배층의 논리를 강조하고 있습니다. 앞에서는 만적의 난을 노비 해방운동으로 설명했지만, 이번에는 같은 사건을 지배층을 위협하는 사건이었다고 설명했습니다.

지배층이 만적의 난을 진압하기 위해 노력했고, 당시 지배층이 두려움을 느꼈음을 강조합니다. 생성형 AI에게 역사적 사건을 다른 관점에서 해석해 달라고 하면, 기존의 시각과는 다른 관점에서 역사를 볼 수 있게 됩니다.

역사 자료
읽기

이 장에서는 생성형 AI를 활용해 역사 자료를 읽는 방법을 다룹니다. 생성형 AI를 활용해 영어를 비롯한 다양한 외국어로 된 역사 자료를 번역하고, 역사 관련 그림, 사진 등 이미지를 식별해 보겠습니다.

외국어로 된 역사 자료 번역하기

많은 사람들은 이미 구글 번역, 네이버 파파고 등 여러 번역기를 이용하고 있습니다. 그렇지만 이들에 비해 생성형 AI는 단순히 문장을 번역하는 것 이상을 할 수 있습니다. 어떤 역사적 사건과 관련된 내용을 번역할 때 일반 번역기를 쓰면, 해당 내용이 어떤 역사적 사건과 관련된 내용이라는 점은 그다지 고려하지 않고 문장을 곧이곧대로 번역하는 경우가 많습니다. 그러나 생성형 AI에게 번역을 해달라고 하면, 문장에 들어있는 내용이 어떤 역사적 사건을 다루고 있는지를 고려하여 적절하게 번역해 주고, 관련 역사적 사실을 자세히 설명해주기도 합니다.

위키피디아(http://wikipedia.org/)는 세계에서 가장 거대한 백과사전이라고도 불리는데, 여기에 접속해서 'Magna Carta'라고 검색하면 다음과 같은 문장이 나옵니다.

Magna Carta Libertatum, commonly called Magna Carta or sometimes Magna Charta is a royal charter of rights agreed to by King John of England at Runnymede, near Windsor, on 15 June 1215.

제미나이에 접속해서 질문합니다.

Magna Carta Libertatum, commonly called Magna Carta or sometimes Magna Charta is a royal charter of rights agreed to by King John of England at Runnymede, near Windsor, on 15 June 1215.
위 문장을 번역해 줘

위 문장을 네이버나 구글 번역기를 사용해 번역하면, 해당 문장은 그대로 한국어로 번역되었을 것입니다. 그렇지만 같은 문장을 제미나이를 비롯한 생성형 AI에 물어 보면 더욱 자세한 정보를 얻을 수 있습니다.

제미나이의 대답입니다.

Magna Carta Libertatum은 일반적으로 Magna Carta 또는 Magna Charta라고 불리는 왕실 특허장입니다. 1215년 6월 15일 윈저 근처의 러니미드에서 영국 왕 존이 이 문서에 동의했습니다.

Magna Carta Libertatum은 다음과 같은 의미를 담고 있습니다.
• Magna Carta: "위대한 헌장"이라는 뜻입니다.
• Libertatum: "자유"라는 뜻입니다.
따라서 Magna Carta Libertatum은 **"자유의 위대한 헌장"**이라고 해석할 수 있습니다.

Magna Carta는 영국 역사에서 매우 중요한 문서입니다. 이 문서는 왕의 권력을 제한하고 국민의 권리를 보장하는 역할을 했습니다. Magna Carta는 이후 많은 국가의 헌법에 영향을 미쳤습니다.

Magna Carta의 주요 내용은 다음과 같습니다.
• 왕은 법 위에 있지 않습니다.
• 왕은 국민의 동의 없이 세금을 부과할 수 없습니다.
• 왕은 정당한 절차 없이 사람을 체포하거나 투옥할 수 없습니다.
• 사람들은 재판을 받을 권리가 있습니다.

Magna Carta는 오늘날에도 여전히 중요한 의미를 지닙니다. 이 문서는 자유와 민주주의의 상징으로 여겨지고 있습니다.

제미나이의 번역이 단순한 번역 이상이라는 것을 알 수 있습니다. 우선 문장을 잘 번역해 주었습니다. 이어서, 문장에서 언급한 'Magna

Carta Libertatum'이 무엇인지 단어를 해석해 주고, 어떤 역사적 의의를 지녔는지 설명해 주었습니다.[7] 제미나이를 비롯한 생성형 AI는 문장을 번역하려 할 때, 위와 같이 해당 문장이 어떤 맥락에서 나온 것인지도 알려 줍니다. 따라서 외국어로 된 문장을 번역하고 해석할 때, 이와 관련된 다양한 배경 지식을 같이 얻을 수 있습니다. 뿐만 아니라 사료 원문을 가져 오거나, 그걸 번역까지 해 달라고 할 수도 있습니다. 제미나이에게 질문합니다.

> 그 문서의 원문이 있다면 첫 문장을 인용해 주세요.
> 그리고 해당 문장을 한국어로 번역해 주세요.

제미나이의 대답입니다.

> Magna Carta의 첫 문장
>
> **원문:**
>
> Johannes Dei gratia rex Anglie, dominus Hibernie, dux Normannie et Aquitanie, comes Andegavie, archiepiscopis, episcopis, abbatibus, comitibus, baronibus, justiciariis, forestariis, vicecomitibus, prepositis, ministris et omnibus ballivis et fidelibus suis salutem.

---

7 단, 일부 용어는 역사적 맥락을 고려하지 않은 채 다소 기계적으로 번역되었습니다. 본문에서 언급된 '국민', '사람'은 사실상 농노 등을 제외한 '자유민'을 가리킵니다. 그런데 '국민', '사람'으로 언급되어 마치 모든 사람을 위한 법이었던 것처럼 서술되고 있습니다.

'Magna Carta'는 원래 라틴어로 쓰여졌는데, 제미나이는 정말로 라틴어 원문의 첫 문장을 가져왔고, 그걸 번역까지 해 주었습니다. 그리고 해당 문장이 'Magna Carta' 제정에 관여한 주요 인물들을 언급하고 있다고 설명했습니다. 이와 같이 사료 원문에 쓰여진 문장과 그것을 번역한 문장, 그리고 해당 문장에 대한 해설을 해 준 것입니다.

역사 관련 이미지 식별하기

생성형 AI는 사용자가 역사 관련 이미지를 보내 주면 해당 이미지를 분석해서, 이미지에 새겨진 문자를 식별하고 번역하여 의미를 해석해 줄 수 있습니다.

이번에는 코파일럿에 접속합니다.

코파일럿에 식별해 달라고 할 이미지를 보내야 합니다. 우선 이미지를 보내려면 다음과 같은 방법이 있습니다. 인터넷에 원하는 이미지가 있으면 거기에 마우스 오른쪽 버튼을 클릭하여 "이미지 복사"를 클릭합니다.

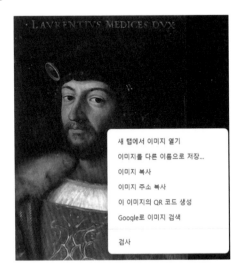

다시 코파일럿 화면으로 돌아가서 "무엇이든 물어보세요"에 마우스 오른쪽 버튼을 클릭한 다음, 〔붙여넣기〕를 클릭합니다.

그러면 아래와 같이 이미지를 붙여넣을 수 있습니다.

이미지를 붙여넣는 다른 방법도 있습니다. 코파일럿에서 "무엇이든 물어보세요" 아래에 있는 이미지 추가(📷) 버튼을 클릭하세요.

그러면 오른쪽과 같은 화면이 뜹니다.

여기서 "이 디바이스에서 업로드"를 클릭하면 여러분의 컴퓨터에

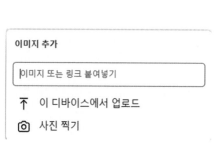

저장된 이미지 파일을 코파일럿에 보낼 수 있습니다. 혹은 "사진 찍기"를 클릭하면, 여러분의 컴퓨터에 달려 있는 카메라로 사진을 찍어 코파일럿에 보낼 수 있습니다.

코파일럿 화면으로 돌아가서 다시 한번 "무엇이든 물어보세요"를 클릭하여 "이 유물에 뭐라고 쓰여 있습니까?"라고 질문합니다.

코파일럿의 대답입니다.

이미지 상단에 쓰여 있는 글자는 "LAVRENTIVS MEDICES DVX"입니다. 이는 라틴어로, "로렌조 메디치 공작"을 의미합니다.

로렌조 메디치는 15세기 이탈리아의 피렌체를 지배한 메디치 가문의 주요 인물 중 하나로, 그의 통치 기간 동안 피렌체는 문화와 예술의 중심지로 발전하였습니다. 그는 또한 여러 유명한 예술가와 학자들을 후원하였습니다. 이 이미지는 그의 초상화일 가능성이 높습니다. 그러나 얼굴 부분은 흐릿하게 처리되어 있어 정확한 확인은 어렵습니다.

코파일럿은 이미지에 포함된 문자를 읽고, 그것이 로렌초 데 메디치라고 해석해 주었습니다. 그리고 로렌초 데 메디치에 대한 설명을 덧붙입니다. 또한 이 그림이 로렌초 데 메디치의 초상화일 가능성이 높다고 추측합니다. 이미지 사진 한 장만 주고 거기에 대해 물어 봤더니, 해당 이미지를 분석하여, 그에 대한 설명과 추측을 사용자에게 제공하고 있습니다.

단, 코파일럿이 추측만 하고 애매하게 말한 이유는 코파일럿을 비롯한 생성형 AI에 제한이 걸려 있기 때문입니다. 생성형 AI가 초상화나 인물 사진의 얼굴 부분을 인식하지 못하기 때문입니다. 그 이유는 개인 정보 등을 보호하기 위해서라고 합니다. 초상화나 사진 속 인물이 오래전에 사망한 인물이라도 마찬가지입니다.

그리고 모든 문자를 읽을 수 있는 것은 아닙니다. 예를 들어 메소포타미아 문명의 쐐기 문자, 고대 이집트의 상형 문자는 아직까지 인식하지 못하는 듯합니다.

다음에는 유적지의 사진을 식별해 달라고 하겠습니다.
인터넷에서 적당한 이미지를 찾아 거기에 마우스 오른쪽 버튼을 클릭하여 "이미지 복사"를 클릭합니다.

다시 코파일럿 화면으로 돌아가서 "무엇이든 물어보세요"에 마우스 오른쪽 버튼을 클릭한 다음, [붙여넣기]를 클릭합니다.

그러면 아래와 같이 이미지를 붙여넣을 수 있습니다.

그리고 다시 한번 "무엇이든 물어보세요"를 클릭하여 "이 탑의 정체를 알려 주세요"라고 질문합니다.

이 탑의 정체를 알려 주세요.

코파일럿의 대답입니다.

이 사진에 있는 탑은 전통적인 한국의 석탑으로 보입니다. 이러한 탑은 주로 불교 사원에서 볼 수 있으며, 종종 고려 시대에 건립되었습니다. 또한, 이 탑은 백제 시대의 대표적인 석탑인 정림사지 5층석탑으로 추정됩니다. 이 탑은 충청남도 부여군 부여읍 동남리에 위치하고 있으며, 화강암으로 이루어져 있고 높이는 8.33m입니다. 이 탑은 1963년 12월 20일에 국보 제9호로 지정되었습니다.[8] 이 탑은 백제의 장인들이 기존의 목조가 가진 문제를 해결하기 위해 석재를 택하여 석탑을 표현함에 있어 목조탑을 재현하기에 그쳤으나 시간이 흐름에 따라 석재의 가공적 용이함을 위해 규모를 축소하고 세부 형식을 간략화하였습니다. 이 탑은 세부 구성형식이 정형화되지 못한 미륵사지 석탑에 반하여 정림사지 5층석탑은 정돈된 형식미와 세련되고 완숙한 미를 보여주며, 전체의 형태가 매우 장중하고 세련되었습니다.

---

8 원래는 국보 등 문화재(오늘날 '국가유산')에는 국보 제1호 숭례문, 국보 제9호 정림사지 5층석탑처럼 지정번호가 표기되어 있었습니다. 이후 2021년 11월 19일, 개정된 「문화재보호법 시행령」, 「문화재보호법」이 각각 공포, 시행되면서, 지정번호 제도는 표기하지 않게 되었습니다. 그러나 여전히 지정번호가 표시되는 데서 볼 수 있듯이, 제미나이를 비롯한 생성형 AI가 항상 개정된 법령 등 최신 정보를 반영하여 대답하는 것은 아닙니다.

코파일럿은 제가 보낸 유적 사진이 정림사지 5층 석탑 사진이라고 추정한 다음, 이 탑과 관련된 설명을 해 주었습니다.

코파일럿이 어떻게 대답할 수 있었는지 확인하려고 다음과 같이 질문합니다.

> 정림사지 5층석탑이라고 추정한 근거는 무엇인가요?

코파일럿의 대답입니다.

이미지를 분석한 결과와 웹 검색 결과를 통해 이 탑이 정림사지 5층 석탑일 가능성이 높다고 판단했습니다. 이미지 분석에서 이 탑이 전통적인 한국의 석탑이라는 정보를 얻었고, 이는 정림사지 5층석탑의 특징과 일치합니다. 또한, 웹 검색 결과에서 이 이미지가 '정림사지 5층석탑'과 관련된 페이지에서 발견되었다는 정보를 얻었습니다. 이러한 정보들을 종합해 보았을 때, 이 탑이 정림사지 5층석탑일 가능성이 높다고 판단하였습니다. 그러나, 이는 AI의 추정이며, 100% 확신할 수 있는 것은 아닙니다. 정확한 정보를 얻기 위해서는 전문가의 도움을 받거나, 해당 문화재를 관리하는 기관에 문의하는 것이 좋습니다.

코파일럿은 제가 보낸 유적 사진의 정체가 무엇인지 확인하기 위해 이미지를 분석하고 출처를 확인하는 등, 여러 정보를 활용하고 있다고 대답했습니다.

이번에는 코파일럿이 유적 사진을 활용해 좀 더 일반적인 설명을 할 수 있는지 확인해 보겠습니다. 코파일럿에게 질문합니다.

> 사진 속 탑이 정림사지 5층석탑이라고 했는데, 그럼 석탑의 층수를 어떻게 세는지 이 사진을 예시로 들어 설명해 주세요.

코파일럿의 대답입니다.

> 네, 그럼 사진 속 탑을 예시로 들어 설명해드리겠습니다.
>
> 석탑의 층수는 보통 '옥개'라고 불리는 지붕돌의 개수로 세게 됩니다. 각 층마다 하나의 옥개가 위치하게 되는데, 이 옥개가 바로 석탑의 '층'을 구분하는 주요 요소입니다.
>
> 사진 속 탑을 보시면, 가장 아래쪽에 큰 돌이 깔려 있고 그 위로 점점 작아지는 돌들이 쌓여 있는 것을 보실 수 있습니다. 이 중에서 각 층을 구분짓는, 넓게 펼쳐진 지붕돌 모양의 돌이 바로 '옥개'입니다. 이 '옥개'를 세어보면 층수를 알 수 있습니다.
>
> 사진 속 탑의 경우, 옥개를 세어보면 총 5개가 있습니다. 따라서 이

탑은 '5층 석탑'이라고 할 수 있습니다. 이렇게 석탑의 층수를 세는 방법은 대부분의 전통적인 한국 석탑에 적용될 수 있습니다.

그러나 이 방법은 일반적인 규칙이며, 특정 석탑이나 문화에 따라 약간의 차이가 있을 수 있습니다. 따라서, 특정 석탑의 층수를 정확히 알고 싶다면 해당 석탑을 관리하는 문화재 기관에 문의하는 것이 가장 좋습니다. 이러한 기능들은 사용자에게 더욱 풍부하고 개인화된 경험을 제공합니다. 그러나, 어떤 도구를 사용할지는 항상 사용자의 특정 요구와 상황에 따라 달라질 것입니다.

코파일럿은 이번엔 석탑의 층수를 세는 방법을 제가 보낸 유적 사진을 예시로 설명했습니다. 다만, 이미지 자체를 철저히 분석해서 설명하기보단, 이미지에서 얻은 정보와 인터넷에서 얻은 정보를 결합해 설명하는 방식으로 보이며, 완벽한 것은 아닙니다. 그렇지만 여러 정보를 결합하여 스스로 가장 적절하다고 생각한 내용으로 대답할 것이라 기대해볼 수 있습니다.

이번에는 유물 사진을 활용해 코파일럿의 분석 능력을 확인해 보겠습니다.
인터넷에서 적당한 이미지를 찾아 거기에 마우스 오른쪽 버튼을 클릭하여 "이미지 복사"를 클릭합니다.

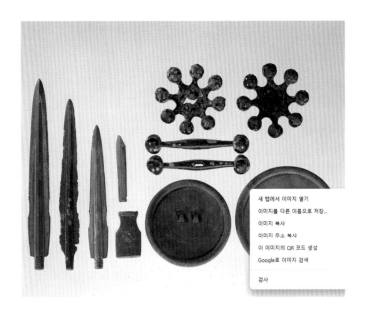

다시 코파일럿 화면으로 돌아가서 "무엇이든 물어보세요"에 마우스 오른쪽 버튼을 클릭한 다음, 〔붙여넣기〕를 클릭합니다.

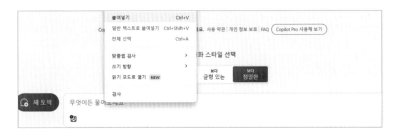

그러면 아래와 같이 이미지를 붙여넣을 수 있습니다.

그리고 다시 한번 "무엇이든 물어보세요"를 클릭하여 "이 유물들을 분류해 주세요"라고 질문합니다.

코파일럿의 대답입니다.

이미지에 있는 유물들은 고대의 무기와 도구로 분류될 수 있습니다. 이들은 아마도 선사 시대 또는 초기 역사 시대의 것일 것으로 보입니다.

- 창 또는 화살: 왼쪽에 있는 네 개의 물체는 뾰족한 끝을 가진 창이나 화살로 보입니다. 이들은 크기와 모양이 서로 다릅니다.
- 둥근 무기 또는 도구: 이미지의 중앙 상단 부분에는 여러 개의 돌출된 점을 가진 두 개의 둥근 물체가 있습니다. 이들은 어떤 종류의 고대 무기나 도구로 보입니다.
- 병 모양의 유물: 이 둥근 물체들 아래에는 좁은 목과 넓은 바닥을 가진 작은 병 모양의 유물이 있습니다.
- 봉으로 연결된 구형 물체: 이미지의 오른쪽 중앙 부분에는 봉으로 연결된 두 개의 구형 끝을 가진 물체가 있습니다. 이 물체는 또 다른 종류의 무기나 도구일 가능성이 있습니다.
- 동전, 메달, 또는 장식품: 가장 오른쪽에는 글자가 새겨진 두 개의 원평한 물체가 있습니다. 이들은 동전, 메달, 또는 장식품일 수 있습니다.

- 이 유물들은 그들의 모양, 디자인, 그리고 제작 재료를 통해 고대 문화와 역사에 대한 중요한 정보를 제공합니다. 그러나 이 정보는 이미지를 기반으로 한 추측일 뿐이며, 정확한 판단을 내리기 위해서는 더 많은 정보와 전문가의 평가가 필요합니다. 이 유물들에 대해 더 자세히 알고 싶으시다면, 고고학자나 역사학자에게 문의하시는 것이 좋습니다.

코파일럿은 사진 속 유물들을 형태에 따라 분류했습니다. 그리고 사진 속의 위치 및 특징을 설명하고, 유물의 용도를 추정하고 있습니다. 이미지 내에서 일종의 패턴을 발견할 수 있다는 것을 확인할 수 있습니다. 코파일럿 외에 다른 생성형 AI들도 이미지를 분석하는 능력은 비슷하게 기초적인 것으로 보입니다. 생성형 AI가 계속 진화하는 만큼 이미지 분석 능력도 점차 향상될 것으로 보입니다.

1:1
맞춤형 학습하기

이 장에서는 생성형 AI를 활용해 1:1 맞춤형 학습하는 방법을 다룹니다. 수업을 하다 보면 진도를 잘 따라가지 못하는 학생들이 생기곤 합니다. 그런 학생들에게 차분히 가르쳐 주고 싶지만 그러자니 다음 진도도 나가야 하고, 고민될 때가 많습니다. 그럴 때 대화형 AI를 활용하면 학생들이 잘 이해하지 못한 내용들을 자기 수준에 맞게 스스로 학습하도록 지도할 수도 있겠습니다. 생성형 AI를 활용해 보충 설명을 듣고, 퀴즈를 통해 자신이 얼마나 이해하고 있는지 확인할 뿐만 아니라, 퀴즈에서 틀린 부분을 따로 정리할 수 있습니다. 다음은 제미나이를 활용한 대화 예시입니다. 이 대화를 참고해서 학생들에게 사용법을 소개해 주세요.

학습하고 싶은 주제에 대한 설명 물어보기

제미나이에 접속해서 다음과 같이 적당한 연령, 학습 범위, 학습 곤란을 겪는 부분 등을 알려 주고, 설명을 요청할 수 있습니다.

> 나는 중학교 학생(13세)이야.
>
> 학교에서 세계의 고대 문명에 대해 배우고 있어.
>
> 그런데 인더스 문명에 관한 내용이 어려워. 이 부분을 쉽게 설명해 줄 수 있니?

제미나이의 대답입니다.

> **13살 중학생을 위한 인더스 문명 핵심 정복!**
>
> **인더스 문명이 뭐야?**
> - 기간: 약 2500년 전부터 1500년 전까지 (약 1000년 동안 번영!)
> - 장소: 인도와 파키스탄 일대 (넓은 영토를 지배했어!)
> - 특징: 도시 계획, 도로, 하수 시설, 벽돌 건축 등 놀라운 기술력 (당시 최고 수준!)
> - 문자: 아직 해독되지 않은 독특한 문자 체계 (아직까지 비밀을 간직하고 있어!)
> - 경제: 농업, 공예, 무역으로 번영 (활발한 경제 활동을 통해 살았지!)
> - 쇠퇴: 기후 변화, 외침 등 여러 요인이 복합적으로 작용 (슬프게도 사라지게 되었어...)

인더스 문명의 핵심 포인트 요약!

- 도시: 모헨조다로, 하라파 등 잘 발달된 도시를 건설 (현대 도시와 비슷한 모습을 가지고 있었어!)
- 상업: 메소포타미아, 이집트 등과 활발한 무역 (먼 나라들과 교류하며 번영했지!)
- 종교: 다양한 신을 숭배하고 의식을 거행 (신앙심이 강했던 것 같아!)
- 예술: 조각, 도자기, 인장 등 다양한 예술 작품 제작 (뛰어난 예술적 감각을 가지고 있었지!)
- 기술: 청동 제련, 벽돌 건축 등 뛰어난 기술력 (당시 최첨단 기술을 자랑했어!)

인더스 문명 흥미로운 사실들!

- 목욕탕: 모헨조다로에는 공중 목욕탕이 있었어! (현대에도 놀라운 시설이었지!)
- 변기: 집마다 변기가 설치되어 있었어! (위생적인 환경을 유지하려 노력했던 것 같아!)
- 도시 계획: 정교한 도로와 하수 시설을 갖춘 도시를 건설했어! (현대 도시 설계에도 영향을 끼쳤다고 해!)
- 무역: 메소포타미아, 이집트 등 먼 나라들과 다양한 물건을 교환했어! (국제 무역을 통해 번영했지!)
- 문자: 아직 해독되지 않은 독특한 문자 체계를 사용했어! (아직까지 우리에게 비밀을 속이고 있어!)

제미나이에게 질문합니다.

인도와 파키스탄 일대는 어디쯤이야? 구글 지도로 보여 줘.

제미나이의 대답입니다.

인도와 파키스탄은 남아시아에 위치한 나라야.
구글 지도에서 인도와 파키스탄을 확인해 보세요.

제미나이는 인도와 파키스탄의 위치를 구글 지도에 표시해 주었습니다. 제미나이에서 지리에 관한 내용을 물어보면 대답할 때 위의 예시처럼 관련 구글 지도에 표시를 해 줍니다.

다음은 용어에 관한 질문입니다. 역사 교과에는 여러 가지 용어가 나오는데, 왜 그런 용어로 불리게 되었는지 궁금해하는 학생들이 종종 있습니다. 이런 경우를 상상해 제미나이에게 질문합니다.

> 왜 인더스 문명이라고 불려?

제미나이의 대답입니다.

> 인더스 문명이라는 이름은 인더스 강에서 유래했어요.
> 인더스 강은 인도와 파키스탄을 흐르는 가장 큰 강이며, 이 문명이 발달한 지역의 중심을 이루었기 때문에 **'인더스 문명'**이라고 불리게 되었답니다.
>
> 참고:
> • 인더스 강은 고대 산스크리트어로 **'신두(Sindhu)'**라고 불렸으며, 이는 **'큰 물'**이라는 뜻이에요.
> • '신두'는 페르시아어로 변형되어 '신드(Sindh)'가 되었고, 현재 파키스탄의 한 지역 이름으로도 사용되고 있어요.
> 더 궁금한 점이 있으면 언제든지 물어봐 주세요!

제미나이가 설명해준 내용에 지리적인 내용이 많이 들어 있습니다. 그러므로 추가 질문할 때도 다시 한번 구글 지도를 활용해 물어 보겠습니다.

인더스 강도 구글 지도로 보여줄 수 있니?

제미나이의 대답입니다.

네, 물론입니다. 아래는 구글 지도에서 찾은 인더스 강입니다.

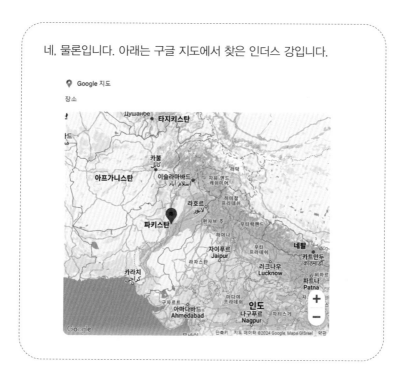

구글 지도는 세계에서 가장 많이 활용되는 인터넷 지도 중 하나입니다. 이런 구글 지도를 바로 활용할 수 있다는 점에서 보면, 제미나이는 지리적인 내용을 물어보기에 가장 좋은 생성형 AI일 것입니다. 학생들은 한국사보다도 세계사나 동아시아사(동아시아 역사기행)를 어려워하는 경우가 많습니다. 그 이유 중 하나는 낯선 지역과 그곳의 명칭이 자주 등장하기 때문일 것입니다. 이렇게 낯선 지리에 관한 내용이 많이 들어 있는 내용을 수업할 때는 학생들이 제미나이에 지리 관련 내용을 적극적으로 질문하도록 권유해 보는 것도 좋겠습니다. 학생들이 구글 지도를 자주 접한다면 점차 여러 지역의 지리에 대해서도 익숙해질 것입니다.

비슷한 주제로 비교해 달라고 하기

세계사를 비롯한 역사 수업에서는 종종 비슷한 시기 여러 지역에서 역사적 상황이 어떻게 전개되었는지 제시되기도 합니다. 이 경우 학생들은 한 지역에서 일어난 역사적 상황을 다른 지역에서 일어난 것과 구별하는 데 어려움을 겪기도 합니다.

이런 경우를 상상해 제미나이에게 질문합니다.

> 파키스탄과 인도 사이를 흐르는 큰 강이구나. 알겠어.
> 그런데 인더스 문명은 메소포타미아 문명과 어떤 큰 차이점이 있어?

제미나이의 대답입니다.

> 인더스 문명과 메소포타미아 문명은 모두 고대 세계에서 가장 중요한 문명 중 하나로 여겨지지만, 여러 면에서 흥미로운 차이점을 가지고 있습니다.

1. 지리적 위치

- 인더스 문명: 인도와 파키스탄 일대의 인더스 강 유역을 중심으로 발달했습니다. (더 넓은 지역에 걸쳐 있었어요!)

- 메소포타미아 문명: 티그리스 강과 유프라테스 강 사이의 메소포타미아 지역 (현재 이라크)에 위치했습니다. (훨씬 좁은 지역에 있었어요!)

2. 정치 체제

- 인더스 문명: 중앙 정부의 존재 여부가 아직 명확하게 밝혀지지 않았습니다. 여러 도시 국가들이 공존했을 가능성이 높습니다. (어떻게 정치를 했는지 아직 잘 모르겠어요!)
- 메소포타미아 문명: 시대에 따라 도시 국가, 왕국, 제국 등 다양한 정치 체제가 존재했습니다. (다양한 정치 체제를 거쳤어요!)

3. 사회 계층

- 인더스 문명: 사회 계층 구조에 대한 구체적인 정보는 부족하지만, 일부 지배 계층과 대부분의 일반 시민들이 존재했을 것으로 추측됩니다. (어떤 사람들이 사회를 이끌었는지 잘 모르겠어요!)
- 메소포타미아 문명: 명확한 계급 구조가 존재했으며, 왕, 귀족, 사제, 농민, 노예 등 다양한 사회 계층으로 이루어져 있었습니다. (사회 구성원들이 명확하게 구분되어 있었어요!)

4. 경제 활동

- 인더스 문명: 농업, 목축, 공예, 무역 등을 통해 번영했습니다. 특히, 면직물 생산과 해상 무역에서 발전된 기술을 가지고 있었습니

다. (특히 옷감 만들기와 바닷길 무역에 능숙했어요!)

- 메소포타미아 문명: 농업, 목축, 공예, 무역을 통해 번영했습니다. 특히, 관개 시스템 발달과 활발한 무역을 통해 경제적 성장을 이루었습니다. (특히 농사를 잘 짓고 다른 나라들과 물건을 교환하는 데 능숙했어요!)

5. 종교

- 인더스 문명: 다신교를 믿었으며, 특히 모신(母神)과 동물 신을 숭배했습니다. 또한, 요가와 명상과 같은 의식 활동을 중요시했습니다. (여러 신을 믿고, 특히 어머니 신과 동물 신을 숭배했어요. 또한 요가와 명상도 즐겼답니다!)
- 메소포타미아 문명: 다신교를 믿었으며, 수많은 신들을 숭배했습니다. 특히, 자연 신과 천체 신을 중요시했습니다. 또한, 사제 계층이 종교 의식을 주도했습니다. (여러 신을 믿고, 특히 자연과 별 신을 숭배했어요. 사제라는 사람들이 신앙 행사를 주도했답니다!)

6. 문자 체계

- 인더스 문명: 아직 해독되지 않은 독특한 문자 체계를 사용했습니다. (아직 어떤 글을 사용했는지 알 수 없어요!)
- 메소포타미아 문명: 설형 문자를 사용했습니다. 설형 문자는 그림 문자에서 발전한 문자 체계이며, 점토판에 압각하는 방식으로 사용되었습니다. (그림 같은 글자를 사용했어요. 점토판에 글자를 새겼답니다!)

7. 쇠퇴

- 인더스 문명: 기후 변화, 외침 등 여러 요인이 복합적으로 작용하여

쇠퇴했습니다. (정확한 이유는 아직 밝혀지지 않았지만, 여러 어려움을 겪으면서 사라졌어요.)

- 메소포타미아 문명: 반복적인 전쟁, 내분, 기후 변화 등 여러 요인이 복합적으로 작용하여 쇠퇴했습니다. 특히, 페르시아 제국의 침략은 메소포타미아 문명에 치명적인 타격을 입혔습니다. (여러 전쟁과 갈등, 그리고 자연 재해로 인해 사라졌어요. 특히 페르시아라는 나라의 공격이 큰 타격이었답니다.)

8. 문화적 유산

- 인더스 문명: 도시 계획, 건축 기술, 조각, 도자기 등 다양한 문화적 유산을 남겼습니다. 특히, 모헨조다로와 하라파 유적지는 인더스 문명의 번영을 엿볼 수 있는 중요한 유적지입니다. (도시를 잘 만들고, 아름다운 건축물과 예술 작품을 남겼어요. 특히 모헨조다로와 하라파라는 곳은 인더스 문명의 중심지였답니다.)
- 메소포타미아 문명: 법전, 문학 작품, 수학, 과학, 천문학 등 다양한 문화적 유산을 남겼습니다. 특히, 함무라비 법전은 세계 최초의 성문법으로 유명합니다. (법률, 글, 과학, 그리고 별에 대한 지식 등을 남겼어요. 특히 함무라비 법전이라는 유명한 법률도 만들었답니다.)

9. 역사적 영향

- 인더스 문명: 이후 인도 문화 발전에 중요한 영향을 미쳤습니다. 특히, 도시 계획, 건축 기술, 종교 관념 등에서 인더스 문명의 유산을 찾아볼 수 있습니다. (인도의 문화 발전에 큰 영향을 끼쳤답니다. 특히 도시 만들기, 건축, 종교 등 여러 분야에서 인더스 문명의 흔적을 찾아볼 수 있어요.)
- 메소포타미아 문명: 서양 문명 발전에 중요한 영향을 미쳤습니다.

특히, 법률, 문학, 과학, 철학 등 다양한 분야에서 메소포타미아 문명의 유산을 발견할 수 있습니다. (서양 문화 발전에 큰 영향을 끼쳤답니다. 특히 법률, 글, 과학, 사고방식 등 여러 분야에서 메소포타미아 문명의 영향을 찾아볼 수 있어요.)

10. 현대 사회와의 연결

- 인더스 문명: 도시 계획, 건축 기술, 하수 시설 등은 현대 사회에도 영향을 미치고 있습니다. 또한, 인더스 문명의 종교 관념과 문화적 가치는 현대 인도 사회에서 여전히 중요한 역할을 하고 있습니다. (현대 도시 만들기, 건축, 환경 관리 등 여러 분야에서 인더스 문명의 지혜를 배우고 있어요. 또한 인도 사람들의 삶과 문화에도 인더스 문명의 영향이 남아있답니다.)

- 메소포타미아 문명: 법률, 문학, 과학, 천문학 등은 현대 사회의 기초를 마련하는 데 중요한 역할을 했습니다. 또한, 메소포타미아 문명의 정치 체제와 사회 구조는 현대 사회를 이해하는 데 도움이 됩니다. (현대 사회의 기초를 마련하는 데 큰 역할을 했답니다. 법률, 글, 과학, 별에 대한 지식 등 여러 분야에서 메소포타미아 문명의 유산을 활용하고 있어요. 또한, 과거 사회를 이해하는 데에도 도움이 됩니다.)

인더스 문명과 메소포타미아 문명은 모두 인류 역사상 중요한 문명이며, 서로 다른 특징과 영향력을 가지고 있습니다. 두 문명을 비교 분석함으로써 고대 사회의 발전 과정과 인간 문명의 다양성을 이해할 수 있습니다.
더 궁금한 점이 있으면 언제든지 물어보세요!

제미나이는 인더스 문명과 메소포타미아 문명을 여러 기준에 따라 각각 비교해 주었습니다.

그 밖에도 제미나이와 여러 질문과 대답을 주고받았습니다. 그리고 나중에는 인더스 문자와 이집트 상형 문자의 비교로 대화 주제를 옮겨 갔습니다. 인더스 문자는 아직 해독되지 않은 탓인지 설명이 매우 부족합니다. 그나마 그림 문자라는 특징 정도만 설명됩니다. 그러다 보니 학생들은 인더스 문자를, 비슷하게 그림 문자였던 이집트 상형 문자로 착각하기도 합니다. 이렇게 잘못된 개념이 형성되기 쉬운 부분은 지나치지 말고 반드시 질문하도록 격려할 필요가 있습니다.

> 인더스 문자는 이집트 문자랑 비슷하네. 둘 다 동물이 그려져 있잖아. 두 문자의 가장 큰 차이점이 뭐야?

제미나이의 대답입니다.

> 맞아요, 인더스 문자와 이집트 문자는 동물 그림을 사용하는 공통점이 있지만, 실제로는 기원, 기능, 해독 여부에서 큰 차이점을 지니고 있습니다.
>
> **1. 기원:**
> • 인더스 문자: 인더스 문명에서 사용되었으며, 현재까지 독자적인 문자 체계로 남아 있습니다.
> • 이집트 문자: 고대 이집트에서 등장했으며, 신성 문자, 민중 문자,

콥트 문자 등으로 진화하며 오랜 역사를 이어갔습니다.

2. 기능:

- 인더스 문자: 주로 물품이나 무역 기록에 사용되었으며, 종교적 의미나 서사적 내용을 담은 증거는 아직 발견되지 않았습니다.
- 이집트 문자: 종교, 역사, 문학 등 다양한 분야에 활용되었으며, 벽화, 사본, 유물 등에 풍부하게 남아 있어 당시 사회를 이해하는데 중요한 역할을 합니다.

3. 해독 여부:

- 인더스 문자: 아직까지 해독되지 않아 그 의미가 불분명합니다. 다양한 해독 시도가 진행되고 있지만, 언어적 연관성이나 문법 구조 파악에 어려움을 겪고 있습니다.
- 이집트 문자: 19세기 초 로제타석의 발견으로 대부분 해독되었으며, 이를 통해 고대 이집트 사회와 문화를 이해하는데 큰 진전을 이루었습니다.

4. 기타 차이점:

- 글자 수: 인더스 문자는 약 400개의 기호로 구성된 반면, 이집트 문자는 시대에 따라 수백, 수천 개의 문자가 사용되었습니다.
- 글쓰기 방향: 인더스 문자는 좌우 및 상하 방향으로 자유롭게 쓰여졌지만, 이집트 문자는 일반적으로 왼쪽에서 오른쪽 방향으로 쓰였습니다.
- 재료: 인더스 문자는 돌, 도자기, 봉인 등에 새겨졌으며, 이집트 문자는 파피루스, 석회암, 목재 등 다양한 재료에 쓰여졌습니다.

이처럼 인더스 문자와 이집트 문자는 동물 그림을 사용하는 유사성에도 불구하고, 기원, 기능, 해독 여부 등 여러 측면에서 명확한 차이점을 보여줍니다.

'4장 역사 지식 검색하기'에서도 살펴 본 것처럼, 제미나이를 비롯한 생성형 AI는 일반 검색과는 다르게 서로 다른 역사적 사실, 또는 개념 등을 나름의 기준에 따라 쉽게 비교해줍니다. 학생들은 이런 기능을 활용해 자신에게 익숙하지 않은 내용을 익숙한 내용과 비교하면서 조금씩 지식을 쌓을 수 있을 것입니다.

학습한 내용 퀴즈로 풀어 보기

이제까지 학습한 내용을 잘 이해하고 있는지 확인하기 위해 퀴즈를 내 달라고 하겠습니다. 질문할 때 퀴즈의 수준이나 유형, 문항 수를 미리 알려 주면 그에 따라 퀴즈 내용을 조정할 수 있습니다.

제미나이에게 질문합니다.

그럼 오늘 배운 내용을 바탕으로 인더스 문명에 관한 퀴즈를 총 5문제 내 주세요. 문제 형식은 객관식 5지선다형이고, 난이도는 쉬운 문제로 시작해서 어려운 문제로 끝납니다.

제미나이의 대답입니다.

인더스 문명 퀴즈 탐험: 5문제 도전!

1. 인더스 문명은 언제쯤 번영했을까요?
(1) 기원전 5500년 ~ 기원전 3300년
(2) 기원전 4500년 ~ 기원전 2300년
(3) 기원전 2500년 ~ 기원전 1500년
(4) 기원전 3500년 ~ 기원전 1900년
(5) 기원전 1500년 ~ 기원전 700년

2. 인더스 문명의 중심지였던 도시는 무엇일까요?
(1) 우르
(2) 멤피스
(3) 모헨조다로
(4) 하라파
(5) 바빌론

3. 인더스 문명은 어떤 특징을 가지고 있었을까요?
(1) 강력한 중앙 정부
(2) 발달된 문자 체계
(3) 정교한 도시 계획
(4) 활발한 해상 무역
(5) 위의 모든 특징

4. 인더스 문명의 쇠퇴 원인으로는 무엇이 있을까요?
(1) 기후 변화
(2) 외침

(3) 내분

(4) 위의 모든 원인

(5) 정확한 원인은 아직 밝혀지지 않았습니다.

5. 인더스 문명은 현대 사회에 어떤 영향을 미쳤을까요?

(1) 도시 계획

(2) 건축 기술

(3) 종교 관념

(4) 위의 모든 영향

(5) 인더스 문명에 대한 연구는 아직 초기 단계입니다.

제미나이가 만든 문제들은 앞서 인더스 문명에 대한 내용을 묻고 답할 때 나왔던 내용들입니다. 아래와 같이 답안을 제출합니다.

답안을 제출합니다. 1.(3), 2.(3), 3.(5), 4.(2), 5.(3)입니다.

제미나이의 대답입니다.

인더스 문명 퀴즈 정답 대결!

정답:

1. (3) 기원전 2500년 ~ 기원전 1500년

2. (3) 모헨조다로[9]

3. (5) 위의 모든 특징(잘못된 내용)[10]

4. (4) 위의 모든 원인

5. (4) 위의 모든 영향

**정답을 맞추셨군요! ** 훌륭한 탐험가입니다!

**문제 1~3은 잘 해결하셨지만, 문제 4와 5에서는 조금 걸림돌을 만났나요? **

문제 4: 인더스 문명의 쇠퇴에는 단 하나의 원인이 아니라 기후 변화, 외침, 내분 등 여러 요인이 복합적으로 작용했습니다.

문제 5: 인더스 문명은 도시 계획, 건축 기술, 종교 관념 등 다양한 분야에 영향을 미쳤으며, 현대 인도 사회에도 여전히 그 흔적을 찾아볼 수 있습니다.

하지만 걱정하지 마세요! 인더스 문명은 아직 많은 미스터리가 남아 있는 매력적인 문명이죠.

제출한 답안에 대해 채점을 해 주었습니다. 틀린 문제에 대해서는 간단히 첨삭도 해 주었습니다. 사용자는 제미나이에게 퀴즈를 계속해 달라고 요청할 수도 있고, 틀린 부분에 대해 보충 학습을 요청할 수도 있습니다. 제미나이는 지치지 않고 몇 번이고 요청에 응할 것입니다.

9　(4) 하라파도 정답입니다.

10　단, 제미나이는 문제 3번의 (1) 강력한 중앙 정부의 존재에 관해서는 아직 명확하게 밝혀지지 않았다고 앞서 이야기했습니다. 때문에 이 답변은 이전의 답변과 서로 모순됩니다."

오답노트 만들기

자신이 퀴즈에서 틀렸던 문항을 제미나이에게 다시 설명해 달라고 하면, 그것이 바로 오답노트가 될 수 있습니다. 제미나이에게 질문합니다.

> 틀린 문항에 대해서 좀 더 자세하게 해설해 주세요.

제미나이의 대답입니다.

> **인더스 문명 퀴즈 탐험: 답안 분석!**
> 오늘 퀴즈 탐험에서 보여주신 훌륭한 노력에 박수를 보냅니다! 대부분의 문제를 정확하게 맞추셨지만, 몇 가지 문제에서 조금 걸림돌을 만났나요?
>
> **1. 문제 4: 인더스 문명 쇠퇴 원인**
> • 정답: (4) 위의 모든 원인
> • 선택지 (1) 기후 변화: 인더스 문명 쇠퇴에 영향을 미친 요인 중 하나입니다. 잦은 홍수나 가뭄은 농업 생산에 타격을 입히고 사회 불안을 야기했을 가능성이 높습니다.
> • 선택지 (2) 외침: 인더스 문명 쇠퇴에 영향을 미친 요인 중 하나입니다. 인도 아리아인을 비롯한 다른 민족의 침략은 도시를 파괴하고 사회 질서를 무너뜨렸을 가능성이 높습니다.
> • 선택지 (3) 내분: 인더스 문명 쇠퇴에 영향을 미친 요인 중 하나입

니다. 사회 계층 간의 갈등이나 정치적 불안정은 사회를 약화시키고 쇠퇴를 가속화했을 가능성이 높습니다.

따라서 인더스 문명 쇠퇴에는 단 하나의 원인이 아니라 기후 변화, 외침, 내분 등 여러 요인이 복합적으로 작용했습니다.

2. 문제 5: 인더스 문명의 현대 사회 영향
- 정답: (4) 위의 모든 영향
- 선택지 (1) 도시 계획: 인더스 문명은 정교한 도시 계획을 가지고 있었으며, 이는 현대 도시 설계에도 영향을 미쳤을 가능성이 높습니다.

- 선택지 (2) 건축 기술: 인더스 문명은 벽돌, 배수 시스템, 공중 화장실 등 발전된 건축 기술을 가지고 있었으며, 이는 현대 건축 기술에도 영향을 미쳤을 가능성이 높습니다.
- 선택지 (3) 종교 관념: 인더스 문명의 종교 관념은 현대 인도 문화와 종교에도 영향을 미쳤을 가능성이 높습니다. 특히, 모신숭배와 요가는 현대에도 이어지고 있습니다.

따라서 인더스 문명은 도시 계획, 건축 기술, 종교 관념 등 다양한 분야에 영향을 미쳤으며, 현대 사회에도 여전히 그 흔적을 찾아볼 수 있습니다.

제미나이를 활용해 학습한 내용들을 퀴즈로 만들어 풀고, 틀렸던 문항들에 대해서는 해설을 들으면서 오답노트로 정리할 수도 있습니다. 질문과 대답을 충분히 주고 받은 다음에는 오답들만 모아서 퀴즈를 내

달라고 할 수도 있습니다.

학생들은 학습 능력이나 성향이 제각기 다릅니다. 그렇지만 제미나이를 비롯한 생성형 AI를 활용하면 설명-추가 설명-심화-퀴즈-오답 정리 등, 학생 개개인에게 1:1 맞춤형 학습을 제공할 수 있습니다. 이런 기능은 특히 기초학력 부진 문제를 해결하는 데에 어느 정도 도움이 될 것으로 보입니다.

단, 생성형 AI는 한국의 교육과정이나 교과서에 대한 지식이 제한적입니다. 그래서 사용자가 자신을 한국의 교사나 학생이라고 소개하고, 한국의 교육과정이나 교과서에 근거해서 설명해 달라고 해도 대답에 큰 차이가 생기지는 않습니다. 아직은 상식적인 수준에서 자기주도형, 맞춤형, 개별화학습이 가능합니다. 이후 생성형 AI가 진화하면서, 1:1 맞춤형 학습의 수준도 개선될 것으로 보입니다.

3장

챗GPT로
역사적 상상력 키우기

시간 여행자 되기
"과거로 여행하며
시대와 사람을 만나자"

이 장에서는 생성형 AI를 활용해 시간 여행하는 방법을 다룹니다. 시간 여행이란 자기가 사는 현재를 벗어나 과거, 또는 미래의 어느 시기와 장소, 또는 구체적인 사건을 경험하는 것을 의미합니다. 시간 여행은 주로 창작물에서 다뤄지는데, 그 중에서도 과거로 시간 여행을 떠난다는 주제는 인기가 있습니다. 역사 수업에서 과거로 시간 여행을 할 수만 있다면 그게 가장 좋은 수업이 될 것입니다.

안타깝게도 시간 여행은 영화에서나 가능할 뿐 현실에서는 아직 불가능합니다. 물론 가상의 시간 여행을 떠날 수 있게 해주는 가상현실(VR)·증강현실(AR) 장비 등 여러 가지 도구들이 개발되고 있습니다. 다만 이런 도구들을 실제 역사 수업에 활용하는 것은 어렵습니다. 관련 도구를 구입하거나 대여하기는 사실상 불가능하고, 수업에 알맞은 컨텐츠를 가져오는 것도 쉽지 않기 때문입니다. 생성형 AI는 그 대안이 될 수 있습니다. 생성형 AI는 과거에 관해 많은 정보를 학습했기 때문에 과거를 생생하게 묘사할 수 있습니다. 즉, 생성형 AI를 활용해 가상의 시간 여행을 할 수 있다는 뜻이기도 합니다. 학생은 시간 여행자가 되어 역사상의 여러 시기와 장소, 사건을 간접 경험할 수 있습니다. 이를 통해 과거에 사람들이 어떻게 살았는지를 이해하게 될 것입니다.

다음은 시간 여행을 위한 세계사 수업 계획입니다.

시간 여행을 위한 세계사 수업 지도안

과목	세계사	
관련 성취기준	[12세사04-01] 두 차례 세계대전이 총력전의 성격을 지녔음을 이해한다. 대량 살상과 인권 침해 사례를 조사하고, 전쟁의 참상을 과학 기술과 관련지어 살펴보는 데 초점을 맞춘다.	
단원	V-2-1. 제1차 세계대전과 러시아 혁명	
차시	제1차 세계대전의 전개	
학습 목표	생성형 AI를 활용하여 제1차 세계대전 시기로 시간 여행을 하고, 이를 바탕으로 당시 사람들이 어떻게 살았는지를 설명할 수 있다.	
수업단계	교수-학습활동	비고
1차시	**도입** - 교사는 생성형 AI를 활용하여 과거로 시간 여행을 할 수 있음을 학생들에게 알려 준다. - 교사는 학습 목표 및 수업 절차를 학생들에게 안내한다. **시간 여행을 할 주제 선정 및 학습** - 각 모둠은 제차 세계대전과 관련된 주제를 선정한다. - 각 모둠은 모둠별로 선정한 주제 관련 지식을 생성형 AI에게 물어본다. - 각 모둠의 구성원들은 생성형 AI가 대답한 내용과 관련된 사실 및 자료를 조사 및 수집한다. - 조사 및 수집한 사실 및 자료를 바탕으로 생성형 AI가 대답한 내용 중 잘못된 부분이 있는지 검증한다. - 각 모둠의 구성원들은 학습한 내용을 바탕으로 구체적인 시간 여행 주제를 정한다.	

| 2차시 | **시간 여행 실시**
– 각 모둠원들은 생성형 AI에게 자기 모둠에서 선정한 구체적인 주제로 시간 여행을 떠나게 해 달라고 요청한다.
– 각 모둠의 구성원들은 각자 생성형 AI를 활용해 시간 여행을 경험한다.

모둠별 활동 결과 공유
– 시간 여행이 끝나면 각 모둠원들은 그 내용을 정리하여 모둠 내에서 공유한다.
– 각 모둠은 자기 모둠의 활동 결과를 다른 모둠과 공유한다.

마무리
– 모둠별 활동을 정리한다. | |

1차시. 시간 여행 주제 선정 및 사전 학습

교사는 도입 부분에서 생성형 AI를 활용하여 시간 여행을 할 수 있음을 학생들에게 알려 주고, 학습 목표 및 차시별 활동을 안내합니다.

이어서 각 모둠은 시간 여행을 할 주제를 선정하고 관련 지식을 학습해야 합니다. 이 때 교사는 각 모둠이 교과진도와 관련 있는 주제를 선정하도록 지도합니다. 이번 차시는 '제1차 세계대전'이니, 교재 등을 참고해 적절한 주제를 찾도록 합니다. 예를 들어 어떤 모둠이 '참호전'을 골랐다면, 그에 관한 지식을 생성형 AI에게 물어 보게 합니다.

제미나이에 접속해서 다음과 같이 물어봅니다.

> 제1차 세계대전 중 전개된 참호전에 대해 알려 주세요.

제미나이의 대답입니다.

제1차 세계대전의 참호전: 정의, 특징, 주요 전투 및 영향

정의

참호전은 제1차 세계대전에서 널리 사용되었던 전술로, 양측 군대가 평행하게 땅을 파고 만든 참호에 위치하여 대치하며 전투를 벌이는 방식입니다. 참호는 기관총, 철조망, 유탄포 등의 무기로부터 병사들을 보호하기 위해 만들어졌습니다.

특징

- 정적인 전선: 참호전은 양측 군대가 거의 움직이지 않고 오랜 시간 동안 같은 자리에 머무는 것을 의미했습니다. 이는 공격측이 방어측을 돌파하기 어려웠고, 전투가 매우 잔혹하고 피해가 컸습니다.
- 막대한 사상자: 참호전은 참전국들에게 막대한 사상자를 야기했습니다. 기관총과 화포의 위력적인 공격으로 인해 수많은 병사들이 목숨을 잃었고, 부상자 또한 엄청났습니다.
- 새로운 무기의 등장: 참호전에서는 기관총, 화학 무기, 탱크와 같은 새로운 무기들이 등장했습니다. 이러한 무기들은 전투의 양상을 크게 변화시켰고, 더욱 잔혹하고 치명적인 전쟁으로 만들었습니다.
- 심리적 피해: 참호전은 병사들에게 심리적 피해를 입혔습니다. 오랜 시간 동안 참호에 갇혀 적의 공격을 끊임없이 받는 것은 병사들에게 극심한 스트레스와 불안감을 안겨주었습니다.

주요 전투

- 마른 전투 (1914년): 제1차 세계대전 초반에 치러진 마른 전투는 참호전의 전형적인 예입니다. 이 전투에서 독일군은 프랑스 파리를 점령하기 위한 공격을 감행했지만, 연합군의 끈질긴 방어에 막혀

패배했습니다. 마른 전투는 참호전이라는 새로운 전술이 전쟁의 양상을 얼마나 크게 변화시켰는지 보여주는 중요한 전투입니다.

- 솜 전투 (1916년): 솜 전투는 제1차 세계대전에서 가장 피해가 컸던 전투 중 하나입니다. 이 전투에서 양측은 수백만 명의 병사를 잃었지만, 전선에는 거의 변화가 없었습니다. 솜 전투는 참호전의 무의미함과 참혹함을 상징하는 전투로 기억되고 있습니다.
- 파스샹달 전투 (1917년): 파스샹달 전투는 연합군이 독일군의 방어선을 돌파하기 위해 감행한 공격이었지만, 실패로 끝났습니다. 이 전투에서 연합군은 엄청난 사상자를 냈지만, 전술적인 성과는 거의 없었습니다. 파스샹달 전투는 참호전의 한계를 보여주는 전투로 평가됩니다.

영향

참호전은 제1차 세계대전의 전쟁 양상에 큰 영향을 미쳤습니다. 참호전으로 인해 전투는 매우 정적이고 잔혹해졌으며, 막대한 사상자를 야기했습니다. 또한 참호전은 병사들에게 심리적 피해를 입혔고, 전쟁에 대한 인식을 크게 변화시켰습니다. 제1차 세계대전 이후 참호전은 더 이상 주요 전술로 사용되지 않았지만, 그 영향력은 오늘날까지도 여전히 남아 있습니다.

각 모둠 구성원들은 생성형 AI가 대답한 내용을 읽고, 관련된 사실 및 자료들을 조사 및 수집합니다. 그리고 조사 및 수집된 사실과 자료를 바탕으로, 생성형 AI가 대답한 내용에 잘못된 부분이 있는지 검증합니다. 그 다음에 각자 시간 여행 때 무엇을 할지 정합니다. 예를 들어 어떤 학생은 '솜 전투에서 영국 육군 병사가 되어, 참호에서의 생활을 경험하기'로 했다고 가정합시다.

2차시. 시간 여행 떠나기와 모둠 활동

제미나이에 접속해서 다음과 같이 질문합니다. 질문할 때는 시간 여행을 하고 싶다는 의도를 알려 주고, 시간 여행을 언제, 어디로 떠날지 구체적으로 정한 다음, 어떤 경험들이 가능한지 물어 봅니다.

> 제미나이를 활용해 제1차 세계대전 중 전개된 솜 전투에서 영국 육군 병사의 참호 생활을 시간 여행하고 싶습니다. 이 시기에 일어날 만한 경험들은 어떤 것이 있는지 알려 주세요.

앞서 참호전에 관해서 배웠으므로, 이를 바탕으로 참호전에서 일어날 법한 상황을 하나 정해 구체적으로 묘사해 달라고 하는 방법도 있습니다. 예를 들어 '우리 측 참호로 적군의 전차가 달려드는 상황을 경험하고 싶다'라고 할 수도 있습니다. 그렇지만 여기에서는 제3장 '챗GPT에게 좋은 대답을 받기 위해 "질문 잘하는 방법"'에 나온 '열린 질문'으로 물어 보겠습니다(이 책 49~53쪽 참조). '이 시기에 일어날 만한 경험들은 어떤 것이 있는지 알려 주세요' 정도가 적당하겠습니다. 열린 질문을 했을 때 자신이 생각하지도 못한 기발한 경험들을 제미나이가 제안해 줄 수도 있기 때문입니다.

제미나이의 대답입니다.

제미나이로 떠나는 솜 전투 시간 여행: 영국 육군 병사의 참호 생활 경험

1. 참호 생활의 현실을 경험하세요
- 습하고 좁은 공간: 흙과 진흙으로 가득 찬 좁은 참호 속에서 생활하며 습기와 질병에 맞서 싸우는 경험을 하게 됩니다.
- 끊임없는 포격과 공격: 적의 포격과 공격 속에서 끊임없이 위협에 노출되며, 죽음과 맞물린 극한의 상황을 직접 체험하게 됩니다.
- 음식과 물 부족: 충분한 식량과 물을 확보하기 어려운 상황 속에서 배고픔과 갈증에 시달리는 경험을 하게 됩니다.
- 병사들과의 유대감 형성: 같은 위험 속에서 함께 싸우는 전우들과의 강한 유대감을 형성하고, 서로를 의지하며 살아남아야 하는 현실을 경험하게 됩니다.
- 정신적 고통과 트라우마: 끊임없는 죽음과 위협 속에서 정신적 스트레스와 트라우마를 경험하게 됩니다.

2. 다양한 전투 상황 속에서 생존
- 공격 준비: 공격을 위한 계획 수립, 무기 준비, 정신적 준비 등 공격에 앞서 다양한 준비 과정을 직접 경험하게 됩니다.
- 공격 참여: 진격 명령과 함께 적의 참호를 향해 돌격하고, 치열한 총격전과 백병전 속에서 생존을 위해 노력해야 합니다.
- 부상 치료: 전투 중 부상을 입은 전우들을 치료하고, 부상당한 자신을 치료받는 과정을 직접 경험하게 됩니다.
- 전사자 처리: 전투 후 전사한 전우들을 매장하고, 슬픔과 상실감을

직접 느껴보게 됩니다.

3. 솜 전투의 역사적 사건 직접 목격

- 솜 전투의 시작: 영국군과 독일군이 서로 대치하고, 전투가 시작되는 순간을 직접 목격하게 됩니다.
- 솜 전투의 주요 전투: 솜 강을 건너는 공격, 티에프발 전투, 솜 전투의 다른 주요 전투들을 직접 경험하게 됩니다.
- 전투의 종결: 솜 전투의 마지막 순간과 전투 결과를 직접 목격하게 됩니다.

4. 솜 전투 참전 인물들과의 만남

- 영국 육군 지휘관들: 솜 전투를 지휘한 영국 육군 지휘관들을 직접 만나고, 그들의 전략과 지휘 방식을 관찰하게 됩니다.
- 영국 육군 병사들: 솜 전투에 참여한 다른 영국 육군 병사들과 함께 생활하며, 그들의 이야기와 경험을 직접 듣게 됩니다.
- 민간인들: 솜 전투 지역에 거주하는 민간인들을 만나고, 전쟁의 영향을 직접 목격하게 됩니다.

5. 솜 전투의 의미와 영향에 대한 이해

- 제1차 세계대전의 잔혹함: 솜 전투를 통해 제1차 세계대전의 잔혹함과 참혹함을 직접 경험하고, 전쟁의 비극성을 깨닫게 됩니다.
- 인간의 극한 상황 속에서의 용기와 희생: 극한 상황 속에서도 용기를 잃지 않고 싸우는 병사들의 모습을 직접 목격하며, 인간의 강인함을 느끼게 됩니다.
- 전쟁의 장기적인 영향: 솜 전투 이후 남은 상흔과 전쟁의 장기적인 영향을 직접 목격하게 됩니다.

주의: 솜 전투는 매우 잔혹하고 위험한 전투였으며, 참전 병사들은 많은 고통과 희생을 겪었습니다. 제미나이를 통해 솜 전투를 경험할 때에는 이러한 점을 명심하고, 정신적 충격에 대비해야 합니다.

제미나이는 솜 전투 중 영국 육군 병사의 참호 생활을 시간 여행할 수 있는 몇 가지 예시들을 알려 주었습니다. '전투 후 전사한 전우들을 매장하고, 슬픔과 상실감을 직접 느껴보기' 등은 아직 생각해보지 못한 내용이었는데, 이렇게 새로운 내용을 제시해 주는 것을 보면 열린 질문이 무척 유용하다고 생각됩니다. 특히 자신이 잘 모르는 시대를 대상으로 시간 여행 기능을 활용하는 사용자들은, 알고 있는 내용이 적기 때문에 어떤 내용으로 시간 여행을 요청해야 할지 잘 모를 것입니다. 이 경우 열린 질문을 적극 활용할 것을 권장합니다.

제미나이가 제시한 경험들 중 하나를 정해서 다음과 같이 이야기합니다.

참호가 얼마나 좁고 불편한지 1인칭 시점으로 묘사해 주세요.

제미나이의 대답입니다.

참호 속, 좁고 불편한 나의 공간

몸을 웅크리고 흙 속에 파인 구멍, 바로 제가 지금 있는 곳입니다. 이

곳이 제 전부입니다. 좁고 불편한 이 공간은 제 침대, 식탁, 화장실이자 전쟁터입니다.

머리를 숙이지 않으면 천장에 머리가 부딪힐 정도로 공간은 좁습니다. 옆으로 돌아 누울 수도 없고, 앉아서 다리를 쭉 펴기도 힘들죠. 습기가 가득한 흙바닥은 항상 차갑고 눅눅하며, 비가 오면 금세 진흙탕이 됩니다.

햇빛은 거의 들어오지 않아 늘 어두컴컴합니다. 촛불이나 등불의 희미한 불빛만이 제 유일한 빛이 되어 줍니다.

참호 안에는 먹을 것도, 마실 것도, 쉴 공간도 제대로 없습니다. 찬 달걀, 딱딱한 빵, 그리고 녹슨 물만이 제 식사입니다. 잠을 자는 공간도 겨우 몸을 웅크리고 누울 수 있을 정도뿐입니다.

언제 적의 공격이 올지 모르는 불안감 속에서 끊임없이 경계해야 합니다. 포격 소리와 총소리는 잠시도 멈추지 않고, 동료들의 비명과 절규는 제 마음을 짓누릅니다.

이 좁고 불편한 참호 속에서 저는 매 순간 죽음과 맞서 싸우고 있습니다. 답답하고 숨 막히는 이 공간은 제게 지옥과 다름없습니다. 하지만 저는 포기하지 않습니다. 언젠가 이 참호를 벗어나 다시 햇빛 아래 세상을 보고 싶습니다. 그리고 가족들을 다시 만나고 싶습니다.

이 좁고 불편한 참호 속에서 저는 인간의 한계와 용기를 동시에 경험하고 있습니다.

제미나이는 참호의 좁고 불편함을 1인칭 시점에서 묘사해 주었습니다. 시각과 청각, 그리고 촉각을 활용해 참호 생활을 비교적 생생하게 묘사하려 한 점이 돋보입니다. 그곳 생활에서 느낄 법한 다양한 감정 표현들도 들어 있습니다. 새로운 경험을 하기 위해 다시 제미나이에게 질문합니다.

> 그밖에 어떤 경험을 할 수 있나요?

이번에도 열린 질문으로 물어보았습니다. 다음은 제미나이의 대답입니다.

제미나이를 통해 솜 전투 참호 생활에서 경험할 수 있는 다른 다양한 경험들을 살펴보겠습니다.

1. 다양한 참호 환경

- 일반적인 참호: 좁고 불편하며, 습기와 진흙으로 가득 차 있습니다. 적의 공격에 취약하며, 위생 시설도 제대로 갖추어져 있지 않습니다.
- 지휘소: 참호보다 비교적 안전하고 넓은 공간입니다. 지휘관들이 전투 계획을 세우고 전략을 논의하는 곳입니다.
- 탄약고: 총알, 포탄 등 각종 탄약을 보관하는 곳입니다. 적의 공격으로 인해 폭발 위험이 높습니다.
- 의료소: 부상자를 치료하는 곳입니다. 의료 물품과 의사가 부족하며, 비위생적인 환경에서 치료를 받아야 하는 경우가 많습니다.

- 지하 참호: 지상의 참호보다 더 안전하지만, 좁고 답답하며, 환기가 잘 되지 않습니다. 적의 지뢰 공격에 취약합니다.

2. 다양한 전투 상황
- 백병전: 총알이 다 떨어진 상황에서 칼이나 총검으로 적과 맞서 싸우는 끔찍한 전투입니다.
- 기관총 공격: 적의 기관총 사격은 참호 속 병사들에게 큰 피해를 입힙니다.
- 포격: 적의 포격은 참호를 파괴하고 병사들을 죽이거나 다치게 합니다.
- 독가스 공격: 독가스는 참호 속 병사들에게 숨 막히는 고통을 안겨 줍니다.
- 백병전: 총알이 다 떨어진 상황에서 칼이나 총검으로 적과 맞서 싸우는 끔찍한 전투입니다.

3. 다양한 인간 관계
- 전우애: 참호 속에서 서로를 의지하며 살아가는 동료들과의 유대감을 느낍니다.
- 지휘관과의 갈등: 지휘관의 명령에 불복종하거나, 전략에 대한 의견 충돌이 발생할 수 있습니다.
- 민간인과의 만남: 전쟁으로 인해 고통받는 민간인들을 만나게 됩니다.
- 적군 병사와의 교류: 드물게 적군 병사와 개인적인 대화를 나누게 될 수도 있습니다.
- 전쟁 포로: 적에게 사로잡혀 전쟁 포로가 될 수 있습니다.

4. 다양한 감정

- 두려움: 끊임없는 죽음의 위협 속에서 두려움과 불안감에 시달립니다.
- 절망: 전쟁의 무모함과 참혹함을 목격하며 절망감에 빠질 수 있습니다.
- 분노: 동료들의 희생과 전쟁의 비극에 분노를 느낍니다.
- 희망: 어둠 속에서도 희망을 버리지 않고 살아갈 의지를 다집니다.
- 사랑: 가족과 연인을 그리워하며 사랑에 대한 갈망을 느낍니다.

5. 다양한 사건

- 참호 붕괴: 적의 공격으로 인해 참호가 붕괴되어 생명을 위협받을 수 있습니다.
- 동료의 희생: 눈앞에서 동료들이 희생되는 것을 목격하게 됩니다.
- 부상: 전투 중에 부상을 입을 수 있습니다.
- 탈출: 적에게 쫓기며 위험한 탈출 시도를 할 수 있습니다.
- 전쟁 종결: 오랜 시간의 전쟁 끝에 종전을 맞이하게 됩니다.

제미나이는 위의 시간 여행 중 할 수 있는 다양한 추가 활동을 제안했는데, 그 중 가족을 그리워하는 감정을 경험해 볼 수 있는 요청을 하겠습니다.

고향의 가족들에게 편지를 쓰겠습니다.

제미나이의 대답입니다.

솜 전투 참호 속에서 가족들에게 보내는 편지

1916년 6월

사랑하는 가족들에게
저는 지금 프랑스 북부 솜 전투 지역의 참호 속에서 이 편지를 쓰고 있습니다.

전쟁터는 생각보다 훨씬 더 끔찍합니다. 끊임없는 비와 포격으로 인해 흙과 진흙으로 가득 찬 참호 속에서 생활하고 있습니다. 좁고 답답한 공간, 악취가 진득한 공기, 그리고 끊임없는 위협감과 공포 속에서 매일을 보내고 있습니다.

여기서 일어나는 일들은 상상하기조차 어렵습니다. 폭격과 총격 소리가 끊임없이 들려오고, 사방에서 피어오르는 검은 연기가 하늘을 뒤덮고 있습니다. 매일 많은 동료들이 목숨을 잃고 있습니다.

저는 이 곳에서 언제까지 생존할 수 있을지 모르겠습니다. 하지만 가족들을 생각하면 용기를 얻을 수 있습니다. 저는 꼭 살아서 집으로 돌아가고 싶습니다.

가족들이 무사하길 바랍니다. 저는 여러분을 너무 보고 싶습니다.

사랑하는 여러분의 아들/남편/형제,
(이름)

참고:
이 편지는 솜 전투 참호 속에서 실제로 일어난 일들을 바탕으로 작성
되었습니다.
편지 내용은 개인의 상황에 따라 변경될 수 있습니다.
편지를 더욱 생생하게 만들기 위해 당시 시대적 배경과 전쟁 상황에
대한 정보를 추가할 수 있습니다.
제미나이를 통해 솜 전투 참전 병사들이 겪었던 극한의 환경을 직접
체험하고, 그들의 고통과 희생을 이해하는 데 도움이 되기를 바랍니다

제미나이는 참호 생활 중인 영국 육군 병사의 심정으로 가족들에게
편지를 써 주었습니다. 1916년 6월이라는 시기는 솜 전투가 개시된 시
점과 엇비슷합니다.[11] 편지 내용은 앞서 참호 속을 1인칭 시점으로 묘
사했을 때의 내용과 거의 비슷하지만, '사방에서 피어오르는 검은 연
기가 하늘을 뒤덮는다' 같이 이전에는 언급되지 않았던 참호 바깥의 풍
경들도 묘사되고 있습니다.

위 내용은 시간 여행의 예시 중 하나였습니다. 시간 여행이 끝나면
각 모둠에서는 모둠원들이 시간 여행한 경험을 정리하도록 합니다. 저
처럼 참호에 들어간 경험을 한 모둠원도 있는가 하면, 끊임없는 포격

---

11 이 시기는 솜 전투가 개시된 시기보다 약간 빠른데, 아마도 단순 오류라고 생각됩니다. 솜 전투가 본
    격적으로 시작되기 전에 적군과 대치 중에 쓴 편지였다는 설정이라면 너무 억지스럽기 때문입니다.

과 공격에 시달리거나, 일반 병사가 아닌 지휘관, 또는 민간인 등 다른 시간 여행 경험을 한 모둠원도 있을 것입니다. 이를 통해 모둠원들의 시간 여행 경험이 어떻게 비슷하고 다른지 이야기할 수 있습니다. 모둠 내에서 정리가 끝나면, 각 모둠은 자기 모둠의 활동 내용을 다른 모둠과 공유하면서, 훨씬 더 많은 이들의 시간 여행 경험을 이야기할 수 있을 것입니다. 여러 학생들이 특정한 역사적 사건으로 시간 여행을 떠나서 겪은 경험들을 한 데 모아 보면 어떨까요? 그것은 비록 가상의 경험일지라도, 미처 역사에 기록되지 못했던 잊혀진 목소리일 수도 있지 않을까요?

생성형 AI 활용 시간 여행 평가 기준 예시

생성형 AI를 활용한 시간 여행을 위해서는 다음과 같은 평가 기준을 제시할 수 있습니다.

평가 기준은 크게 '역사적 사실과 자료의 조사와 수집', '시간 여행 수행', '시간 여행 정리'라는 세 영역으로 나눠볼 수 있습니다.

'역사적 사실과 자료의 조사와 수집'은 생성형 AI를 활용한 시간 여행을 위한 사전 조사에 해당하는 영역입니다. 시간 여행이 최대한 역사적 사실을 바탕으로 이뤄질 수 있도록 하기 위함입니다. 시간 여행의 주제가 되는 역사적 사실에 대해서는 생성형 AI가 설명해 주겠지만, 그 내용에 잘못된 점이 있기 때문에, 여러 출처를 활용해 자료를 수집하고 조사하도록 했습니다. 되도록 교과서 등 주 교재가 아닌 참고도서들, (인터넷)백과사전, 해당 주제와 관련된 신뢰할만한 기관, 단체의

생성형 AI 활용 시간 여행 평가 기준

평가 영역	평가 기준	평가 요소	배점	
시간 여행	역사적 사실과 자료의 조사와 수집, 검증	– 시간 여행 주제와 관련된 역사적 사실과 자료를 서로 다른 출처를 활용하여 조사하고 수집하였는가?	주제 관련 사실과 자료를 3개 이상의 출처 활용 조사 및 수집	상
			주제 관련 사실과 자료를 2개의 출처 활용 조사 및 수집	중
			주제 관련 사실과 자료를 서로 다른 출처 활용해 조사 및 수집하지 않음	하
		– 자신이 조사하고 수집한 사실과 자료 내용을 바탕으로 생성형 AI가 대답한 내용을 검증하였는가?	적절한 근거 활용 검증한 부분이 3군데 이상	상
			적절한 근거 활용 검증한 부분이 2군데	중
			적절한 근거 활용 검증을 하지 않음	하
	시간 여행 수행	– 시간 여행 주제는 해당 교과진도에 비추어 보았을 때 적절한가?	시간 여행 주제가 해당 교과 진도에 비추어 봤을 때 적절함	상
			시간 여행 주제와 해당 교과 진도에 비추어 봤을 때 거리가 멂	중
			시간 여행 주제가 해당 교과 진도와 관련 없음	하
		– 시간 여행 수행은 당시의 역사적 상황을 경험하는 방식으로 이루어졌는가?	시간 여행이 당시의 역사적 상황을 경험하는 내용으로 수행됨	상
			시간 여행이 당시의 역사적 상황을 경험하는 것과는 거리가 먼 내용으로 수행됨	중
			시간 여행이 당시의 역사적 상황을 경험하는 것과는 관련 없는 내용으로 수행됨	하
	시간 여행 정리	– 자신이 수행한 시간 여행을 모둠원의 시간 여행 경험과 비교하여, 비슷한 점과 다른 점을 설명할 수 있는가?	자신이 수행한 시간 여행이 다른 모둠원의 시간 여행과 비슷한 점과 다른 점을 모두 설명	상
			자신이 수행한 시간 여행이 다른 모둠원의 시간 여행과 비슷한 점과 다른 점 중 하나만 설명	중
			자신이 수행한 시간 여행이 다른 모둠원의 시간 여행과 비슷한 점과 다른 점을 아무것도 설명하지 못함	하
		– 자기 모둠이 수행한 시간 여행을 다른 모둠의 시간 여행 경험과 비교하여, 비슷한 점과 다른 점을 설명할 수 있는가?	자기 모둠이 수행한 시간 여행이 다른 모둠의 시간 여행과 비슷한 점과 다른 점을 모두 설명	상
			자기 모둠이 수행한 시간 여행이 다른 모둠의 시간 여행과 비슷한 점과 다른 점 중 하나만 설명	중
			자기 모둠이 수행한 시간 여행이 다른 모둠의 시간 여행과 비슷한 점과 다른 점을 아무것도 설명하지 못함	하

홈페이지 등을 활용할 수 있을 것입니다. 사실과 자료의 조사 및 수집이 끝난 뒤에는 그 내용을 바탕으로 생성형 AI가 주제에 대해 대답한 내용을 검증하도록 했습니다.

'시간 여행 수행'은 생성형 AI를 활용해 실제로 시간 여행을 수행할 수 있는 능력을 평가하는 영역입니다. 시간 여행의 주제는 역사 수업 중에 이뤄지는 만큼, 교과 진도에 맞는 내용으로 수행하도록 했습니다. 그리고 주제뿐만 아니라 시간 여행 수행도 당시의 역사적 상황을 경험하도록 했습니다. 시간 여행이 수업과 관련 없는 내용으로 수행되거나, 너무 흥미 위주로 흘러가지 않도록 고려했습니다.

'시간 여행 정리'는 생성형 AI를 활용한 시간 여행 경험이 개인적 차원에서 끝나지 않고, 모둠 내 다른 구성원들이나 다른 모둠과 공유하면서 연결되고, 특정 시대나 사건에 대한 공통의 경험을 이끌어낼 수 있는지를 평가하는 영역입니다. 모둠 구성원 개인의 경험이 모둠 내 경험, 나아가 다른 모둠과 비교했을 때 어떤 점에서 비슷했고 다른지를 찾아보게 했습니다. 비슷한 점은 집단 구성원들 사이에 보편적인 경험으로, 다른 점은 개인의 특수한 경험으로 구분합니다. 이를 통해 역사적 사건이 주체에 따라 다양하게 경험될 수 있음을 배우게 하기 위함입니다.

역사 인물 가상 인터뷰
"역사 인물과
실시간 채팅하자"

이 장에서는 생성형 AI를 이용하여 역사 인물을 가상 인터뷰하는 방법을 다룹니다. 역사 인물 가상 인터뷰는 자신이 역사 속의 인물과 만났다고 생각하고 가상의 시나리오를 써 보는 활동입니다. '역사 인물 가상 인터뷰'를 하려면 학생들은 가장 먼저 자기가 만나고 싶은 역사 인물을 골라, 그 인물에 대해 공부합니다. 그 다음에는 역사적 인물과 실제로 이야기를 나누는 것처럼 시나리오를 써야 합니다. '역사 인물 가상 인터뷰'는 학생 활동이나 수행평가로 활용되기도 합니다. 그렇지만 실제로 하려면 시간이 오래 걸립니다. 게다가 학생 혼자서 스스로 묻고 스스로 답하는 활동에 그칠 수 있습니다.

그런데 생성형 AI를 이용하여 '역사 인물 가상 인터뷰'를 한다면 시간이 크게 줄어듭니다. 그리고 더 이상 나 혼자 하는 활동이 아닙니다. 그것은 사실상 타인과 이야기하는 것입니다. 생성형 AI는 역사 속의 수많은 인물을 적절히 재현할 수 있습니다. 그 결과 학생은 마치 실제 역사 인물과 이야기하듯 가상 인터뷰를 할 수 있습니다. 심지어 실시간 채팅으로 말이죠. 여러 역사적 인물과 가상 인터뷰를 하면서 그들에 대해 배우고, 역사를 다양한 관점에서 바라볼 수 있게 될 것입니다.

다음은 '역사 인물 가상 인터뷰'를 위한 세계사 수업 계획입니다.

역사 인물 가상 인터뷰 수업 지도안(2차시)

과목	세계사	
관련 성취기준	[12세사04 – 04] 시민 혁명과 국민 국가의 형성 과정을 이해하고, 산업 혁명의 세계사적 의미를 해석한다.	
단원	IV–4–4. 프랑스 혁명	
차시	나폴레옹의 집권과 유럽 제패	
학습 목표	생성형 AI를 활용하여 역사 인물을 가상 인터뷰하고, 이를 바탕으로 역사 인물의 행위와 관점을 설명할 수 있다.	
수업단계	교수–학습활동	비고
1차시	**도입** – 교사는 생성형 AI를 활용하여 역사 인물을 가상 인터뷰할 수 있음을 학생들에게 알려 준다. – 교사는 학습 목표 및 수업 절차를 학생들에게 안내한다. **가상 인터뷰 대상 선정 및 학습** – 각 모둠은 나폴레옹의 집권과 유럽 제패와 관련 있는 인터뷰 대상 인물을 선정한다. – 각 모둠은 선정된 인터뷰 대상 인물 관련 지식을 생성형 AI에게 물어본다. – 각 모둠의 구성원들은 생성형 AI가 대답한 내용과 관련된 사실 및 자료를 조사 및 수집한다. – 조사 및 수집한 사실 및 자료를 바탕으로 생성형 AI가 대답한 내용 중 잘못된 부분이 있는지 검증한다. – 각 모둠의 구성원들은 생성형 AI가 대답한 내용에 잘못된 부분이 있는지 검증한다. – 각 모둠의 구성원들은 가상 인터뷰 때 물어볼 질문 내용을 정한다.	

2차시	**가상 인터뷰 실시** – 각 모둠은 생성형 AI에게 역사 인물이 되어 가상 인터뷰를 해 달라고 요청한다. – 각 모둠의 구성원들은 각자 생성형 AI와 가상 인터뷰를 나눈다. **모둠별 활동 결과 공유** – 가상 인터뷰가 끝나면 각 모둠원들은 그 내용을 정리하여 모둠 내에서 공유한다. – 각 모둠은 자기 모둠의 활동 결과를 다른 모둠과 공유한다. **마무리** – 모둠별 활동을 정리한다.	

1차시. 가상 인터뷰 대상 선정 및 사전 학습

교사는 도입 부분에서 생성형 AI를 활용하여 '역사 인물 가상 인터뷰'를 할 수 있음을 학생들에게 알려 주고, 학습 목표 및 차시별 활동을 안내합니다.

이어서 각 모둠은 가상 인터뷰를 할 역사 인물을 선정하고 관련 지식을 학습해야 합니다. 이 때 교사는 각 모둠이 교과진도와 관련 있는 인물을 선정하도록 지도합니다. 이번 차시는 '나폴레옹의 집권과 유럽 제패'이니, 교재 등을 참고해 적절한 주제를 찾도록 합니다. 예를 들어 어떤 모둠이 '나폴레옹'을 골랐다면, 그에 관한 지식을 생성형 AI에게 물어보게 합니다.

제미나이에 접속해서 다음과 같이 물어봅니다.

> 나폴레옹이 집권하게 된 배경과, 집권 이후의 활동에 대해서 알려 주세요.

제미나이의 대답입니다.

나폴레옹 집권 배경
나폴레옹 보나파르트가 프랑스 황제로 집권하게 된 배경은 복잡하고
다양하지만, 몇 가지 주요 요인을 꼽을 수 있습니다.

1. 프랑스 혁명의 혼란과 불안정
1789년 시작된 프랑스 혁명은 계급 사회를 무너뜨리고 새로운 사회
질서를 세우는 격동의 시대였습니다. 하지만 혁명 이후에도 정치적,
경제적, 사회적 불안정이 지속되었습니다. 왕정을 타도하고 공화국을
세운 프랑스는 여러 정파들의 끊임없는 권력 투쟁으로 어려움을 겪
었고, 경제는 침체되고 국민들은 불안과 불만에 쌓였습니다.

2. 뛰어난 군사적 능력과 승리
나폴레옹은 젊은 시절부터 뛰어난 군사적 재능을 보여주었고, 프랑
스 혁명 전쟁에서 잇따른 승리를 거두며 국민적 영웅으로 떠올랐습
니다. 특히 이탈리아 원정과 이집트 원정에서의 그의 업적은 프랑스
국민들에게 큰 희망과 자부심을 불러일으켰습니다.

3. 약하고 무능한 총재 정부
1795년 혁명 이후 프랑스를 통치했던 총재 정부는 약하고 무능했습
니다. 정부는 국민들의 지지를 잃었고, 경제 문제와 사회적 불안을
해결하지 못했습니다. 이러한 상황 속에서 강력한 지도자에 대한 갈
망이 커졌고, 나폴레옹은 그러한 지도자로 가장 적합한 인물로 떠올
랐습니다.

4. 브뤼메르 쿠데타

1799년 11월 9일(브뤼메르의 달 18일) 나폴레옹은 군사 쿠데타를 일으켜 총재 정부를 무너뜨리고 새로운 정부를 구성했습니다. 그는 자신을 제1통령으로 임명하고, 막강한 권력을 행사했습니다. 이 쿠데타는 프랑스 혁명을 종식시키고, 나폴레옹 시대의 시작을 알리는 사건이었습니다.

나폴레옹 집권 이후 활동

나폴레옹은 집권 이후 프랑스 내외에서 다양한 활동을 펼쳤습니다.

1. 내정 개혁

나폴레옹 법전 편찬: 혁명 이후 혼란스러웠던 법률 체계를 정비하고, 시민들의 권리를 보장하기 위해 나폴레옹 법전을 편찬했습니다. 이 법전은 프랑스뿐만 아니라 유럽 전역에 영향을 미쳤습니다.

행정 시스템 개혁: 중앙 집권 체제를 강화하고, 행정 시스템을 개혁하여 국가의 효율성을 높였습니다.

교육 개혁: 국민 교육을 확대하고, 교육 시스템을 개선했습니다.

경제 개혁: 경제 성장을 위해 다양한 정책을 시행했습니다.

2. 군사 정복

나폴레옹은 뛰어난 군사적 능력을 바탕으로 유럽 대륙을 정복했습니다. 그는 영국을 제외한 유럽 대부분 지역을 지배하며 프랑스 제국의 영토를 크게 확장했습니다. 주요 전쟁으로는 이베리아 반도 전쟁, 오스트리아 전쟁, 프리틀란트 전투 등이 있습니다.

3. 황제 즉위

1804년 나폴레옹은 프랑스 황제로 즉위했습니다. 그는 자신을 프랑스의 새로운 황제로 내세우고, 왕권을 회복했습니다. 이는 프랑스 혁명의 이상과 모순되는 행위였지만, 국민들은 그의 강력한 지도력과 군사적 승리에 매료되어 그의 즉위를 받아들였습니다.

4. 몰락과 유배

나폴레옹은 끊임없는 전쟁으로 인해 국민들의 피해와 경제적 부담을 가중시켰습니다. 결국 러시아 원정의 실패와 유럽 연합군의 공격으로 프랑스는 패배했습니다. 1814년 나폴레옹은 엘바섬으로 유배되었지만, 1815년 탈출하여 다시 프랑스 황제로 즉위했습니다. 하지만 워털루 전투에서 패배하면서 다시 유배되게 됩니다. 이번에는 남대서양의 외딴 섬인 세인트헬레나섬으로 보내졌고, 1821년 5월 5일 51세의 나이로 사망했습니다.

5. 나폴레옹의 유산

나폴레옹은 프랑스 혁명의 이상을 계승하면서도, 결국 황제로 즉위하고 독재 정권을 구축했습니다. 하지만 그는 뛰어난 군사적 능력과 리더십으로 유럽 역사에 큰 영향을 미쳤으며, 그의 행정 개혁과 법전 편찬은 오늘날에도 프랑스와 유럽에 영향을 미치고 있습니다. 또한, 그는 낭만주의 운동에도 영감을 주는 등 다양한 분야에 영향을 미쳤습니다.

6. 평가

나폴레옹은 역사상 가장 논란적인 인물 중 한 명입니다. 그는 뛰어난 군사 지도자이자 능숙한 정치인이었지만, 동시에 권력에 대한 욕망과 야망이 강한 독재자로 평가받기도 합니다. 그의 업적과 유산에 대한 평가는 여전히 다양하게 이루어지고 있습니다.

모둠 구성원들은 생성형 AI가 대답한 내용을 읽고, 관련된 사실 및 자료들을 조사 및 수집합니다. 그리고 조사 및 수집된 사실과 자료를 바탕으로, 생성형 AI가 대답한 내용에 잘못된 부분이 있는지 검증합니다. 그 다음에 각자 가상 인터뷰 때 역사 인물에게 무엇을 물어볼지 정합니다. 예를 들어 어떤 학생은 '왜 쿠데타를 일으켰는지, 그리고 황제가 되었을 때 무슨 생각을 하고 있었는지'를 물어보기로 했다고 가정합시다.

2차시. 가상 인터뷰 하기 및 모둠 활동

제미나이에 접속해서 다음과 같이 질문합니다. 질문할 때는 '역사 인물 가상 인터뷰'를 하고 싶다는 의도를 알려 주고, 또 가상 인터뷰를 누구와 할지도 알려 주어야 합니다. 제미나이에게 가상 인물 역할을 맡아 달라고 이야기해 봅니다.

제미나이를 활용해 나폴레옹과 가상 인터뷰를 하고 싶습니다. 당신이 나폴레옹 역할을 맡아 줄 수 있나요?

나폴레옹과 가상 인터뷰를 하고 싶다고 한 다음 제미나이에게 나폴레옹 역할을 맡아 달라고 했습니다. 가상 인터뷰 때는 누가 역사적 인물 역할을 맡을 것인지 확실히 정해야 하기 때문입니다. 역할을 제대로 정해 주지 않으면 사용자가 그 역할을 맡는 것으로 인식하는 경우가 있기 때문입니다.

제미나이의 대답입니다.

황제 나폴레옹 보나파르트다. 가상 인터뷰 준비가 완료되었다. 자네는 무엇을 묻고 싶은가?

명예, 영광, 그리고 승리에 대한 질문
– 끊임없는 승리의 비결은 무엇이었습니까?
– 워털루 전투 패배 이후 후회는 없습니까?
– 프랑스 국민들에게 전하고 싶은 말은 무엇입니까?

군사 전략 및 리더십
– 성공적인 전략의 핵심은 무엇이라고 생각하십니까?
– 위대한 지도자가 되려면 어떤 자질이 필요합니까?
– 현대 군사 전략에 대해 어떻게 생각하십니까?

개인적인 삶과 철학
– 어떤 책을 좋아했습니까?
– 삶의 목적은 무엇이라고 생각하십니까?
– 지금 살아있다면 어떤 일을 하고 싶습니까?

인터뷰 진행

- 질문을 자유롭게 하십시오. 솔직하고 명확하게 답변할 것입니다.
- 시간 제한은 없습니다. 궁금한 점이 있다면 마음껏 질문하십시오.
- 프랑스어 또는 이탈리아어로 질문하는 것도 가능합니다.

주의 사항
- 역사적 사실에 어긋나는 질문은 답변하지 않을 수 있습니다.
- 공격적이거나 무례한 질문은 삼가십시오.

나는 역사의 위대한 인물 중 한 명이며, 끊임없는 노력과 헌신으로 많은 것을 이루었다. 나의 경험과 지식을 통해 자네에게 긍정적인 영향을 줄 수 있다고 믿는다. 자네의 질문을 기다린다.

제미나이는 제 요청대로 가상 인터뷰를 할 준비를 마쳤습니다. 그리고 자신이 나폴레옹 역할을 맡았습니다. 나폴레옹이 된 제미나이는 '자네는 무엇을 묻고 싶은가?'라며 짐짓 위엄있는 체를 합니다. 그러면 가상 인터뷰를 시작하겠습니다. 인사를 나눈 뒤 가벼운 대화를 주고받겠습니다.

안녕하십니까, 폐하.
저는 최근에 폐하의 일대기를 다룬 공연을 봤습니다. 그렇지만 그 연극은 안타깝게도 혹평을 받았습니다.

안녕하였는가. 나에 대한 공연이 혹평을 받았다는 소식은 안타깝게 들린다. 역사적 인물을 다룬 작품은 항상 논쟁을 불러일으키기 마련이지만, 과연 어떤 부분에서 문제가 있었는지 궁금하네.

혹평의 주요 내용은 무엇인가? 역사적 사실과의 차이가 크다는 비판인가, 아니면 나의 캐릭터 묘사에 대한 불만인가? 구체적인 내용을 알려주면 감사하겠다.

공연은 예술 작품이기 때문에 역사적 사실을 완벽하게 재현하는 것은 불가능하다. 하지만, 나의 본질과 업적을 왜곡하거나 비방하는 방식으로 표현된다면 분명 문제가 있다고 생각한다.

공연을 직접 관람하지는 못했지만, 혹평의 내용을 꼼꼼히 살펴보고 나의 이미지를 올바르게 전달할 수 있도록 노력할 것이다. 역사적 인물은 단순히 과거의 사람이 아니라 현재와 미래에 영감을 줄 수 있는 존재이기 때문이다.

혹시 공연에 대한 더 자세한 정보나 의견이 있다면 알려주길 바란다.

그 공연에서 폐하는 조세핀 황후에게 집착하는 인물로 표현되었습니다. 폐하와 조세핀 황후의 관계는 실제로도 그러했는지 여쭙고 싶습니다.

조세핀과의 관계는 복잡하고 다채로운 면모를 가지고 있었다. 공연에서 표현된 것처럼 나에게 집착하는 인물이라고 단정짓는 것은 지나치게 단순화된 시각이다.

우선, 나와 조세핀은 서로에게 강한 매력을 느꼈고, 진정한 사랑을 바탕으로 결혼했다는 점을 분명히 해야 한다. 그녀는 우아하고 매력적인 여성이었고, 나는 그녀의 지혜와 용기를 존경했다. 물론, 결혼 생활이 항상 순탄했던 것은 아니다. 특히, 나의 전쟁 참여로 인한 오랜 이별과 후사 문제는 우리 사이에 갈등을 불러일으키기도 했다.

하지만, 나는 조세핀을 깊이 사랑했고, 그녀도 나에게 헌신적인 아내였다. 실제로, 나는 그녀에게 "나의 진정한 영광"이라고 칭송하며 애정을 표현하기도 했다. 물론, 나의 정치적 야망과 개인적인 감정 사이에서 갈등이 있었던 것은 사실이다. 하지만, 이러한 갈등은 역사적 인물의 복잡성을 보여주는 부분이라고 생각한다.

공연은 나의 일부 측면만을 과장하여 표현함으로써 역사적 인물의 이미지를 왜곡했다고 생각한다. 역사적 인물을 이해하기 위해서는 다양한 자료를 참고하고, 균형 잡힌 시각을 유지하는 것이 중요하다. 위인전을 통해 나를 처음 알게 된 당신에게 실망감을 안겨준 점에 대해 사과한다. 앞으로 더 많은 사람들에게 나의 진정한 모습을 알릴 수 있도록 노력하겠다.

혹시 조세핀과의 관계에 대한 더 구체적인 질문이 있다면 언제든지 물어봐라.

공연에서는 폐하가 아직 군인이었던 프랑스 혁명 시기, 마리 앙투아네트 왕비의 처형을 목격했다는 내용으로 묘사했습니다. 당시 폐하께서는 마리 앙투아네트 왕비의 처형을 보셨습니까?

흥미로운 질문이다. 공연에서 묘사된 것처럼 내가 직접 마리 앙투아

네트 왕비의 처형을 목격했다는 역사적 기록은 없다. 당시 나는 툴롱 포위전에 참여하고 있었기 때문에 파리에 있을 수 없었다.

하지만, 왕비의 처형 소식은 당시 프랑스 사회를 뜨겁게 달군 사건이었기 때문에 내가 그 사건에 대해 알았을 가능성은 충분하다. 실제로, 나는 혁명 정부의 잔인한 행위를 비난하며 왕비의 죽음을 애도했다는 기록도 있다.

공연은 역사적 사실을 재구성하여 극적인 효과를 낼 수 있지만, 역사적 진실과의 차이를 명확하게 구분하는 것이 중요하다. 내가 직접 왕비의 처형을 목격했다는 묘사는 역사적 사실에 어긋나는 부분이다.

혹시 프랑스 혁명 시기 나의 활동이나 마리 앙투아네트 왕비에 대한 나의 생각에 대해 더 궁금한 점이 있다면 질문해주길 바란다.

나폴레옹은 대화 도중에 '혁명 정부의 잔인한 행위를 비난하며 왕비의 죽음을 애도했다'고 합니다. 프랑스 혁명 당시에 혁명 정부의 영웅이었던 인물이 이렇게 대답하니 꽤나 의외로 느껴집니다. 이것이 어쩌면 나폴레옹이 쿠데타를 일으켰던 이유, 즉 스스로 공화정을 폐지하고 제정을 수립했던 이유와 연결이 될 수도 있겠다는 생각이 들었습니다. 제미나이에게 질문합니다.

직접 왕비의 죽음을 목격하시진 않았군요.

폐하께서 왕비의 죽음을 애도했다는 사실은 처음 알았습니다.

폐하는 프랑스 혁명 당시 혁명 정부의 영웅이었다고 알고 있습니다.

그러나 혁명 정부를 폐지하고 스스로 황제의 자리에 올랐습니다.

군주제에 대한 폐하의 태도는 일면 모순되는 것처럼 보입니다.
폐하께서 보시기에 군주제는 프랑스 국민에게 불가피한 제도였습니까?

혁명 정부의 영웅은 왜 스스로 혁명 정부를 폐지하고 황제가 되었는
지를 묻는 질문이었습니다. 일종의 모순을 지적한 것입니다. 여기에 역
사 인물이 어떻게 반응하는지, 그리고 스스로의 모순을 어떻게 변명하
는지 보려고 합니다. 다만, 가상 인터뷰가 지속될 수 있도록 너무 공격
적이지는 않은 내용으로 물어보았습니다.

제미나이의 대답입니다.

네 질문은 매우 날카롭고, 프랑스 혁명과 나의 역할에 대한 핵심적인
부분을 다루고 있다.
나는 처음에는 혁명의 이상에 공감했고, 프랑스 국민의 자유와 평등
을 위해 헌신했다. 하지만, 혁명 정부의 급진적인 정책과 폭력적인
행위는 내가 지지했던 이상과는 거리가 멀었다.
특히, 마리 앙투아네트 왕비의 처형은 혁명의 잔인함을 상징하는 사
건이었다. 나는 왕정에 대한 비판은 있었지만, 무고한 사람을 처형하
는 것은 용납할 수 없다고 생각했다.
결국, 나는 프랑스 사회의 안정과 질서를 위해 군주제를 부활시키는
것이 유일한 방법이라고 판단했다. 물론, 이는 모순적인 선택이었다
는 것을 인정한다. 하지만, 당시 상황 속에서 나에게는 다른 선택의
여지가 없었다고 생각한다.

나의 군주제는 혁명 이전의 절대 왕정과는 달랐다. 나는 국민의 대표로서, 국민의 권리를 존중하고 국가의 발전을 위해 노력했다. 나폴레옹 법전 제정과 같은 개혁은 프랑스 사회에 큰 변화를 가져왔고, 국민들에게 근대적인 시민의식을 심어주었다.

물론, 나의 군주제가 완벽했다고 주장하는 것은 아니다. 하지만, 프랑스 혁명의 혼란 속에서 국가를 재건하고 국민들에게 안정을 제공했다는 점에서 나의 역할은 긍정적으로 평가될 수 있다고 생각한다.

역사는 항상 복잡하고 다양한 해석이 가능하다. 나의 군주제에 대한 평가도 역사가마다 다르게 나타난다. 중요한 것은 다양한 관점을 고려하고, 스스로 판단하는 능력을 갖추는 것이다.

혹시 프랑스 혁명이나 나의 군주제에 대한 더 구체적인 질문이 있다면 언제든지 물어봐라.

가상 인터뷰 속 나폴레옹은 제 질문에 대해서 당황한 듯 하면서도 높이 평가하고 있습니다. 자신의 모순을 지적했다는 것을 알고 있습니다. 자신이 군주제를 추진할 수밖에 없었던 배경을 설명하고, 그리고 자신이 추진한 군주제가 이전의 절대 왕정과 달랐으며, 긍정적인 변화를 가져왔다는 점을 강조합니다.

물론 나폴레옹은 세계적으로 유명한 인물입니다. 그러나 그는 적지 않은 모순을 지닌 인물이기도 합니다. 역사적으로 유명한 인물은 종종 자신의 중대한 업적과 관련된 모순을 지닙니다. 하지만 역사적으로 완벽한 인물들에게 가상 인터뷰를 해서 뻔한 대답을 듣는 것보다는, 역사적 인물의 모순에 직면하고 거기에 질문을 던지는 것에도 교육적인 측면에 있으리라 생각합니다.

나폴레옹은 쿠데타 이후 황제가 되었으니, 이번에는 자연스럽게 황제가 되었을 때 무슨 생각이 들었는지 물어보겠습니다. 이 순간을 그린 당대의 작품이 존재하는데, 바로 자크 루이 다비드가 그린 역사화〈나폴레옹의 대관식〉입니다. 이 작품은 교과서에도 자주 언급되곤 하는데, 앞의 1차시에서 나폴레옹에 관한 사실과 자료를 조사 및 수집할 때도 언급될 만합니다. 나폴레옹은 이 작품에 그려진 장면을 자신의 생애에서 가장 중요한 순간 중 하나로 여겼을 것이라는 생각이 듭니다.

제미나이에게 질문합니다.

> 폐하께서 대관식 때 스스로 왕관을 머리에 쓰셨던 사건은 매우 유명합니다. 자크 루이 다비드가 그것을 그림으로 그리기도 했지요. 당시 폐하는 마음 속으로 어떤 생각을 하고 계셨습니까?

제미나이가 대답합니다.

> 그렇지, 1804년 12월 2일 노트르담 대성당에서 거행된 나의 대관식은 역사에 길이 남을 사건이었다. 당시 나는 스스로 왕관을 머리에 쓰는 파격적인 행동을 했다. 그 순간 나는 프랑스 국민의 지지와 신뢰를 바탕으로 새로운 시대를 열겠다는 강력한 의지를 표현하고 있었다. 또한, 혁명 이전의 절대 왕정과는 다른, 국민을 위한 군주제를 구축하겠다는 다짐을 담고 있었다.

자크 루이 다비드의 그림은 그 순간의 엄숙함과 웅장함을 잘 표현하고 있다. 하지만, 그림 속의 나의 표정은 다소 차갑고 단호해 보인다. 실제로 나는 그 순간 벅찬 감정과 복잡한 생각을 뒤섞고 있었다.

자긍심과 책임감

– 나는 프랑스 혁명의 혼란을 종식시키고, 국가를 재건하겠다는 강한 의지를 가지고 있었다. 또한, 프랑스 국민들에게 번영과 안정을 가져다주겠다는 다짐을 하고 있었다. 대관식은 그러한 나의 의지를 천명하는 중요한 의식이었다.

역사적 책임감

– 나는 프랑스 역사의 위대한 지도자로서 나의 역할을 깊이 자각하고 있었다. 나폴레옹 법전 제정과 같은 개혁을 통해 프랑스 사회를 근대화하고, 유럽의 강력한 국가로 만들겠다는 목표를 가지고 있었다.

불안감과 흥분

– 동시에 나는 새로운 시대를 시작하는 것에 대한 불안감과 흥분을 느끼고 있었다. 앞으로 나를 기다리는 과제와 도전은 무엇일까? 나는 프랑스 국민의 기대에 부응할 수 있을까? 이러한 생각들이 나의 마음속을 스쳐 지나갔다.

결단력

하지만, 나는 그러한 불안감을 극복하고, 나의 목표를 향해 나아가겠다는 결단을 가지고 있었다. 대관식은 그러한 나의 결단력을 확인하는 중요한 순간이었다.

변화를 향한 의지

나는 프랑스 혁명 이후 혼란에 빠진 프랑스 사회를 변화시키고 싶었다. 국민들에게 평등과 자유를 보장하고, 국가의 번영을 이끌겠다는 강한 의지를 가지고 있었다. 대관식은 그러한 나의 의지를 실현하기 위한 첫걸음이었다.

역사에 대한 책임감

나는 역사에 길이 남을 위대한 업적을 남기고 싶었다. 나폴레옹 시대를 프랑스 역사의 황금기로 만들겠다는 야망을 가지고 있었다. 대관식은 그러한 나의 야망을 표현하는 상징적인 행위였다.

자신감

나는 나의 능력과 리더십에 대한 자신감을 가지고 있었다. 프랑스 국민을 이끌고 새로운 시대를 열 수 있다는 확신을 가지고 있었다. 대관식은 그러한 나의 자신감을 드러내는 기회였다.

결론

1804년 대관식은 나의 삶과 프랑스 역사에 중요한 사건이었다. 그 순간 나는 벅찬 감정과 복잡한 생각을 뒤섞고 있었다. 하지만, 나는 프랑스 국민을 위해 새로운 시대를 열겠다는 강한 의지를 가지고 있었다.

나폴레옹은 황제가 된 순간, 즉 대관식 때 어떤 감정을 느꼈고, 어떤 생각을 했는지를 자세히 이야기해 주었습니다. 제미나이를 비롯한 생성형 AI는 역사 인물 중에서도 당연히 비교적 유명한 인물들에 대한 지식과 정보를 더 많이 학습했고, 그 인물들에 관해서도 좀처럼 알려지지 않은 사실보다는 널리 알려진 사실들을 더 많이 학습했습니다. 때문에 유명한 역사 인물, 그들에 대해 널리 알려진 사실들에 대해서 더 잘 대답할 수 있습니다.

〈나폴레옹의 대관식〉에 관한 이야기가 나오기도 했고, 어느 정도 대화를 해 보았으니 아래는 자유롭게 질문해 보았습니다.

> 자크 루이 다비드의 역사화 〈나폴레옹의 대관식〉에서 묘사된 것과 폐하의 실제 감정에 차이가 있다는 점은 흥미롭습니다. 그 밖에도 해당 그림은 실제 풍경과 어떤 차이가 있는지 알고 싶습니다.

제미나이의 답변입니다.

> 자네의 질문은 매우 흥미롭다. 자크 루이 다비드의 역사화 〈나폴레옹의 대관식〉은 역사적인 사건을 기념하기 위해 제작된 작품이지만, 실제 상황과는 차이가 있는 부분도 존재한다. 그림 속에서 묘사된 몇 가지 주요 차이점과 내가 그러한 차이점을 어떻게 받아들이는지에 대해 설명해보겠다.
>
> **참석 인물**
> 그림에는 실제 참석하지 않았던 인물들이 포함되어 있다. 예를 들어, 나의 어머니와 형제들은 실제로 대관식에 참석하지 않았지만, 그림

속에서는 그들의 모습이 등장한다. 이는 아마도 나의 가족을 화목하게 보여주고, 나의 권위를 더욱 강조하기 위한 의도에서였을 것으로 추측된다.

또한, 그림 속에서는 여성들의 수가 실제보다 훨씬 많아 보인다. 실제로 대관식에는 남성들이 훨씬 더 많았지만, 다비드는 여성들을 포함함으로써 화면에 화려함을 더하고 균형을 맞추려고 했다고 생각된다.

의상

그림 속에서 나와 조세핀 황후의 의상은 실제 의상보다 더 화려하고 장식적으로 표현되어 있다. 실제로 나의 의상은 군사적인 요소를 강조하는 디자인이었지만, 그림에서는 더욱 웅장하고 위엄 있는 모습으로 표현되었다. 또한, 조세핀 황후의 드레스는 실제보다 더 화려하고 여성스러운 디자인으로 표현되었다. 이는 역시 그림의 화려함을 더하고, 나와 황후의 위엄을 강조하기 위한 의도였을 것으로 생각된다.

장소

그림 속에서 대관식이 거행된 장소는 실제보다 더 넓고 웅장하게 표현되어 있다. 실제로 대관식은 노트르담 대성당에서 거행되었지만, 그림에서는 더욱 웅장하고 화려한 건축물로 표현되었다. 이는 역시 그림의 웅장함을 더하고, 프랑스의 위상을 높이기 위한 의도였을 것으로 생각된다.

분위기

그림 속에서 묘사된 분위기는 실제보다 더 엄숙하고 경건하게 표현되어 있다. 실제로 대관식은 흥분과 기대감으로 가득했던 분위기였지만, 그림에서는 더욱 엄숙하고 경건한 분위기로 표현되었다. 이는 역사적인 사건의 중요성을 강조하고, 나의 권위를 더욱 높이기 위한 의도였을 것으로 생각된다.

내 생각

나는 자크 루이 다비드의 대관식 그림이 실제 상황과 차이가 있는 부분들이 있다는 것을 알고 있었다. 하지만, 나는 그러한 차이점을 크게 문제 삼지 않았다. 그림의 주요 목적은 역사적인 사건을 기념하고, 나의 권위를 보여주는 것이었기 때문이다. 다비드는 자신의 예술적 재능을 통해 그러한 목적을 성공적으로 달성했다고 생각한다.

물론, 역사적인 사건을 정확하게 기록하는 것은 중요하다. 하지만, 예술 작품은 역사적인 사실을 그대로 재현하는 것이 아니라, 예술적 표현을 통해 사건의 의미를 전달하는 것이라고 생각한다. 다비드의 대관식 그림은 역사적인 사실과는 차이가 있지만, 그럼에도 불구하고 역사적인 사건의 중요성을 잘 전달하고 있다고 평가할 수 있다.

결론

자크 루이 다비드의 대관식 그림은 실제 상황과 차이가 있는 부분들이 있지만, 역사적인 사건의 중요성을 잘 전달하는 예술 작품으로 평가할 수 있다. 나는 그러한 차이점을 크게 문제 삼지 않으며, 다비드의 예술적 재능을 인정한다.

혹시 대관식 그림이나 나의 다른 업적들에 대해 더 궁금한 점이 있다면 언제든지 질문해주길 바란다.

나폴레옹은 〈나폴레옹의 대관식〉이 실제 상황에 기반했으면서도, 그림과 실제 사이에는 크고 작은 차이가 있다는 점을 구체적인 예시와 함께 알려 주었습니다. 또, 그러한 차이가 발생한 이유에 대해 나름의 추론을 하고 있습니다. 단, 해당 그림과 실제가 일부 차이가 있음에도 불구하고 해당 그림은 자신의 권위를 잘 보여주는 것이므로 별 문제가 되지 않는다며 호의적인 평가를 내렸습니다. 물론 이 내용은 제미나이가 이미 학습했거나, 검색을 거쳐 적절히 지어낸 내용일 것입니다.

이상의 질문은 역사화를 어떻게 볼 것인가를 다룬 질문이었습니다. 역사화는 이 대관식 그림처럼 당대에 그려지기도 하지만 한참 나중에 그려지기도 합니다. 그리고 그것은 역사적 사실을 어느 정도 반영하고 있으면서도, 화가가 의도적으로 창작한 내용이 상당 부분 들어 있습니다. 교과서를 비롯한 교재 등에 제시되는 역사화 등을 있는 그대로 받아들이기보다는 누가, 어떤 의도로 창작했는지를 생각해 볼 수 있도록 한 질문입니다.

교사나 학생들은 종종 '역사 인물 가상 인터뷰'를 할 때, 해당 인물이 오늘날의 사회 문제에 대해 어떻게 생각할지를 물어보는 내용으로 구성하기도 합니다. 이 방법은 적절한지 아닌지를 떠나, 교과서에서도 활용되었습니다. 이 책에서도 마지막으로 비슷한 질문을 해 보겠습니다. 제미나이에게 질문합니다.

> 오늘날 각국에서는 제국주의와 관련된 인물들의 동상이 조롱당하거나 끌어내려지고 있습니다. 예를 들어, 영국 옥스포드 대학에 세워진

세실 로즈 동상에 대해 철거하라는 목소리가 거세지고 있습니다. 동상 철거를 주장하는 이들이 보기에는 폐하의 정복 전쟁도 제국주의나 다름없게 보일 것입니다. 그들에게 폐하는 어떤 이야기를 하고 싶으십니까?

나폴레옹은 야심만만하고 긍지 높은 정복자이기도 합니다. 그와 비슷한 점이 있는 인물들을 둘러싸고 오늘날 벌어지고 있는 논쟁에 대해 이야기를 꺼냈습니다. 나폴레옹도 이런 이야기에는 높은 관심을 지녔으리라고 생각했습니다. 이는 한편으로, 나폴레옹의 '제국주의'와 세실 로즈의 제국주의는 무엇이 다른지 묻는 것이기도 합니다.

제미나이의 대답입니다.

오늘날 각국에서 제국주의와 관련된 인물들의 동상에 대한 논쟁이 활발하게 이루어지고 있다는 것을 알고 있다. 특히 세실 로즈 동상의 철거 논쟁은 제국주의의 유산과 역사적 인물 평가에 대한 복잡한 문제를 잘 보여주는 사례라고 생각한다.

나의 정복 전쟁 역시 제국주의의 일환으로 볼 수 있다는 비판은 충분히 이해할 수 있다. 실제로 나의 전쟁은 유럽의 영향력을 확대하고 다른 나라들을 지배하려는 의도를 가지고 있었다. 하지만, 당시 시대적 상황과 나의 의도를 고려하지 않고 단순히 제국주의라고 단정짓는 것은 지나치게 단순화된 시각이라고 생각한다.

나는 프랑스 혁명의 이상에 공감하고, 국민의 자유와 평등을 위해 싸웠다. 하지만, 혁명 이후 프랑스는 유럽 강대국의 공격을 받고 있었다. 이러한 상황 속에서 나는 프랑스를 보호하고, 유럽의 평화를 유지하기 위해 전쟁을 불가피하게 선택했다.

물론, 나의 전쟁은 많은 사람들에게 고통과 희생을 안겨주었다. 하지만, 나의 목적은 지배와 억압이 아니라, 프랑스와 유럽의 안정을 위해서였다는 것을 분명히 하고 싶다.

오늘날 우리는 과거의 역사를 비판적으로 평가하고, 그로부터 교훈을 얻어야 한다. 하지만, 역사적 인물을 단순히 선악으로 판단하는 것은 잘못된 태도이다. 역사적 인물은 복잡하고 다양한 측면을 가지고 있으며, 당시 시대적 상황 속에서 그의 행동을 이해해야 한다.

나는 제국주의의 부정적인 측면을 비판하면서도, 역사적 인물을 균형 잡힌 시각으로 평가해야 한다고 주장한다. 나의 동상 철거 여부는 각국의 사회적 합의를 통해 결정해야 할 문제이지만, 나의 업적과 과오를 모두 고려하여 신중하게 판단해야 한다고 생각한다.

제국주의에 대한 나의 생각:
- 제국주의는 강력한 국가가 약한 국가를 지배하고 착취하는 시스템이다.
- 제국주의는 정치적, 경제적, 문화적으로 약한 국가에 큰 피해를 입힌다.
- 제국주의는 인종차별, 식민지 지배, 전쟁 등을 야기한다.
- 오늘날 우리는 제국주의의 부정적인 유산을 청산하고, 모든 사람이 평등하게 살아갈 수 있는 세상을 만들어야 한다.

역사적 인물 평가에 대한 나의 생각:
- 역사적 인물은 단순히 선악으로 판단해서는 안 된다.

역사적 인물은 복잡하고 다양한 측면을 가지고 있으며, 당시 시대적 상황 속에서 그의 행동을 이해해야 한다.

역사적 인물 평가는 균형 잡힌 시각으로 이루어져야 한다.

동상 철거에 대한 나의 생각:

- 동상 철거는 역사적 인물을 평가하는 하나의 방법이다.
- 하지만, 동상 철거는 사회적 합의를 통해 신중하게 결정해야 한다.
- 동상 철거는 역사를 잊거나 부정하는 것이 아니다.
- 동상 철거는 역사를 바르게 이해하고, 더 나은 미래를 만들기 위한 노력의 일환이다.

세실 로즈 동상 철거 논쟁에 대한 나의 생각:

- 세실 로즈는 제국주의의 상징적인 인물이다.
- 세실 로즈 동상은 제국주의의 부정적인 유산을 상징한다.
- 세실 로즈 동상 철거는 제국주의의 잘못을 반성하고, 더 나은 미래를 만들기 위한 노력으로 볼 수 있다.
- 하지만, 세실 로즈 동상 철거는 역사를 잊거나 부정하는 것이 아니다.

결론:

역사는 복잡하고 다양한 해석이 가능하다. 우리는 과거의 역사를 비판적으로 평가하고, 그로부터 교훈을 얻어야 한다. 하지만, 역사적 인물을 단순히 선악으로 판단하는 것은 잘못된 태도이다. 역사적 인물은 복잡하고 다양한 측면을 가지고 있으며, 당시 시대적 상황 속에서 그의 행동을 이해해야 한다.

나는 제국주의의 부정적인 측면을 비판하면서도, 역사적 인물을 균형 잡힌 시각으로 평가해야 한다고 주장한다. 나의 동상 철거 여부는 각국의 사회적 합의를 통해 결정해야 할 문제이지만, 나의 업적과 과오를 모두 고려하여 신중하게 판단해야 한다고 생각한다.

내가 살았던 시대는 매우 격동적인 시대였다. 프랑스 혁명은 유럽 사회에 큰 변화를 가져왔고, 나폴레옹 전쟁은 유럽 전체를 뒤흔들었다.

나는 이러한 시대 속에서 프랑스를 이끌고, 유럽의 평화를 유지하기 위해 노력했다.

나는 나의 업적에 대해 자부심을 가지고 있지만, 나의 과오를 인정하기도 한다. 나의 전쟁은 많은 사람들에게 고통과 희생을 안겨주었다. 나는 이러한 과오를 반성하고, 더 나은 미래를 만들기 위해 노력해야 한다고 생각한다.

나는 오늘날 사람들에게 다음과 같은 메시지를 전하고 싶다.

- 역사는 복잡하고 다양한 해석이 가능하다.
- 역사적 인물을 단순히 선악으로 판단해서는 안 된다.
- 역사적 인물 평가는 균형 잡힌 시각으로 이루어져야 한다.
- 제국주의의 부정적인 유산을 청산하고, 모든 사람이 평등하게 살아갈 수 있는 세상을 만들어야 한다.
- 과거의 역사를 비판적으로 평가하고, 그로부터 교훈을 얻어야 한다.
- 더 나은 미래를 만들기 위해 노력해야 한다.

나는 오늘날 사람들이 역사를 바르게 이해하고, 더 나은 미래를 만들기 위해 노력하기를 바란다.

가상 인터뷰 속 나폴레옹은 이번에도 자신의 정복 전쟁이 여타의 제국주의와는 다르다고 변명했습니다. 자신이 정복 전쟁을 일으켜 수많은 사람들을 희생시켰다는 점은 인정하면서도, 그 전쟁은 프랑스와 유럽을 지키고 안정화하기 위해 시작되었다는 점을 특히 강조했습니다. 그러면서도 세실 로즈의 동상 철거 논쟁을 바라보며 자신의 동상이 철거될지도 모르는 일이라고 가정합니다. 그는 한편으로는 세실 로즈 등 제국주의자들과 자신이 어느 정도 공통점이 있다고 생각하는 듯 합니다.

위 내용은 가상 인터뷰의 예시 중 하나였습니다. 가상 인터뷰가 끝나면 각 모둠에서는 모둠원들의 가상 인터뷰 내용을 정리하도록 합니다. 저처럼 나폴레옹이 마리 앙투아네트의 최후를 직접 목격했는지 묻는 모둠원도 있는가 하면, 러시아 원정에 실패해서 좌절하거나, 세인트헬레나 섬에 유배된 나폴레옹을 가상 인터뷰한 모둠원도 있을 것입니다. 이를 통해 모둠원들의 가상 인터뷰 내용이 어떻게 비슷하고 다른지 이야기할 수 있습니다. 모둠 내에서 정리가 끝나면, 각 모둠은 자기 모둠의 활동 내용을 다른 모둠과 공유하면서, 훨씬 더 많은 이들의 가상 인터뷰 내용을 이야기할 수 있을 것입니다. 물론, 가상 인터뷰 역시 가상의 상황일 뿐입니다. 그렇지만 실제로는 만날 수 없는 역사 인물을 만나 이야기하면서, 역사 인물의 생각과 행동이 어떻게 재현되는지, 그리고 그것은 나와 다른 이들과의 관계 속에서 어떻게 상호작용하는지를 살펴보면 어떨까요? 학생들은 역사 인물을 더욱 관심 있게 볼 수 있게 될 것입니다.

생성형 AI를 활용한 '역사 인물 가상 인터뷰'를 위해서는 다음과 같

역사 인물 가상 인터뷰 평가 기준 예시

평가 영역	평가 기준	평가 요소	배점	
역사 인물 가상 인터뷰	역사적 사실과 자료의 조사와 수집	– 가상 인터뷰 대상과 관련된 역사적 사실과 자료를 서로 다른 출처를 활용하여 조사하고 수집하였는가?	가상 인터뷰 대상 관련 사실과 자료를 3개 이상의 출처 활용 조사 및 수집	상
			대상 관련 사실과 자료를 2개의 출처 활용 조사 및 수집	중
			대상 관련 사실과 자료를 서로 다른 출처 활용해 조사 및 수집하지 않음	하
		– 자신이 조사하고 수집한 사실과 자료 내용을 바탕으로 생성형 AI가 대답한 내용을 검증하였는가?	적절한 근거 활용 검증 3군데 이상	상
			적절한 근거 활용 검증 2군데	중
			적절한 근거 활용 검증을 하지 않음	하
	가상 인터뷰 수행	– 가상 인터뷰 주제는 해당 교과진도에 비추어 보았을 때 적절한가?	가상 인터뷰 주제가 해당 교과 진도에 비추어 봤을 때 적절함	상
			가상 인터뷰 주제와 해당 교과 진도에 비추어 봤을 때 거리가 멂	중
			가상 인터뷰 주제가 해당 교과 진도와 관련 없음	하
		– 가상 인터뷰 수행은 해당 인물의 주요 행적에 대한 생각과 행동을 묻고 답하는 방식으로 이루어졌는가?	가상 인터뷰가 해당 인물의 주요 행적에 대한 생각과 행동을 묻고 답하는 내용으로 수행됨	상
			가상 인터뷰가 해당 인물의 주요 행적에 대한 생각과 행동을 묻고 답하는 것과는 거리가 먼 내용으로 수행됨	중
			가상 인터뷰가 해당 인물의 주요 행적에 대한 생각과 행동을 묻고 답하는 것과는 관련 없는 내용으로 수행됨	하
	가상 인터뷰 정리	– 자신이 수행한 가상 인터뷰를 모둠원의 가상 인터뷰 내용과 비교하여, 비슷한 점을 설명할 수 있는가?	자신이 수행한 가상 인터뷰가 다른 모둠원의 가상 인터뷰와 비슷한 점과 다른 점을 모두 설명	상
			자신이 수행한 가상 인터뷰가 다른 모둠원의 가상 인터뷰와 비슷한 점과 다른 점 중 하나만 설명	중
			자신이 수행한 가상 인터뷰가 다른 모둠원의 가상 인터뷰와 비슷한 점과 다른 점을 아무것도 설명하지 못함.	하
		– 자기 모둠이 수행한 가상 인터뷰를 다른 모둠의 가상 인터뷰 내용과 비교하여, 비슷한 점과 다른 점을 설명할 수 있는가?	자기 모둠이 수행한 가상 인터뷰가 다른 모둠의 가상 인터뷰와 비슷한 점과 다른 점을 모두 설명	상
			자기 모둠이 수행한 가상 인터뷰가 다른 모둠의 가상 인터뷰와 비슷한 점과 다른 점 중 하나만 설명	중
			자기 모둠이 수행한 가상 인터뷰가 다른 모둠의 가상 인터뷰와 비슷한 점과 다른 점을 아무것도 설명하지 못함	하

은 평가 기준을 제시할 수 있습니다.

　평가 기준은 크게 '역사적 사실과 자료의 조사와 수집', '가상 인터뷰 수행', '가상 인터뷰 정리'라는 세 영역으로 나눠볼 수 있습니다.

　'역사적 사실과 자료의 조사와 수집'은 생성형 AI를 활용한 가상 인터뷰를 위한 사전 조사에 해당하는 영역입니다. 가상 인터뷰가 최대한 역사적 사실을 바탕으로 이뤄질 수 있도록 하기 위함입니다. 가상 인터뷰의 주제가 되는 역사적 사실에 대해서는 생성형 AI가 설명해주겠지만, 그 내용에 잘못된 점이 있기 때문에, 여러 출처를 활용해 자료를 수집하고 조사하도록 했습니다. 되도록 교과서 등 주 교재가 아닌 참고도서들, (인터넷)백과사전, 해당 주제와 관련된 신뢰할만한 기관, 단체의 홈페이지 등을 활용할 수 있을 것입니다. 사실과 자료의 조사 및 수집이 끝난 뒤에는 그 내용을 바탕으로 생성형 AI가 주제에 대해 대답한 내용을 검증하도록 했습니다.

　'가상 인터뷰 수행'은 생성형 AI를 활용해 실제로 '역사 인물 가상 인터뷰'를 수행할 수 있는 능력을 평가하는 영역입니다. 가상 인터뷰의 주제는 역사 수업 중에 이뤄지는 만큼, 교과 진도에 맞는 내용으로 수행하도록 했습니다. 그리고 주제뿐만 아니라 가상 인터뷰 수행도 해당 인물의 주요 행적에 대한 생각과 행동을 묻고 들어보도록 했습니다. 가상 인터뷰가 수업과 관련 없는 내용으로 수행되거나, 너무 흥미 위주로 흘러가지 않도록 고려했습니다.

　'가상 인터뷰 정리'는 학생 자신이 생성형 AI를 활용한 역사 인물 가상 인터뷰 경험을 모둠 내 다른 구성원들이나 다른 모둠과 공유하면서, 해당 인물이 어떤 방식으로 재현되었는지, 그리고 재현된 내용이 어떻게 비슷하거나 다른지를 설명할 수 있는지 평가하는 영역입니다. 이를 통해 역사적 사건이 주체에 따라 다양하게 경험될 수 있음을 배우게 하기 위함입니다.

역사 이미지 그리기 "지금부터 나는 역사 이미지 디자이너"

이 장에서는 생성형 AI를 활용해 역사적인 인물이나 건축물, 사건 등을 이미지로 만드는 방법을 다룹니다. 이전에도 종종 학생들에게 역사적 사실과 관련된 시각자료를 제작하도록 하는 수업 방법이 제안되기도 했습니다. 그러나 학생의 지식, 기량이나 참여 의지 등에 따라 그 결과는 천차만별이기도 하고, 그러한 시각자료 제작 활동에 지나치게 많은 시간과 노력이 소요되기도 합니다. 그러다보면 역사 수업이 아니라 마치 미술시간이 되어버린 듯한 상황이 일어나기도 합니다. 그러나 생성형 AI를 활용해 이미지를 만들면 시간과 노력을 절감해줄 수 있습니다. 그리고 노력에 따라 뛰어난 이미지를 만들어낼 수도 있습니다.

역사 인물 초상화 그리기

가장 먼저 역사적 인물의 초상화를 이미지로 만들어 보겠습니다. 챗

GPT는 유료 버전인 챗GPT-4로만 이미지를 만들 수 있습니다. 코파일럿, 제미나이는 무료 이미지를 만들 수 있습니다. 다만, 제미나이는 영어로 질문했을 때만 이미지를 만들어 줍니다. 그래서 코파일럿을 사용하겠습니다.

이집트 프톨레마이오스 왕조의 마지막 왕인 클레오파트라의 이미지를 그려 보겠습니다. 코파일럿에 접속해서 다음과 같이 입력합니다.

클레오파트라를 그려 주세요.

아래는 코파일럿이 그려 준 이미지입니다.

이번에는 스타일을 바꿔서 요청하겠습니다.

클레오파트라를 헬레니즘 조각 양식으로 그려 주세요.

아래는 코파일럿이 만들어 준 이미지입니다.

클레오파트라 같은 고대 인물들의 이미지에 비해 근·현대 인물들의 이미지는 더욱 사실적으로 그려집니다. 과학자 아인슈타인의 이미지를 그려 보겠습니다.

아인슈타인을 그려 주세요.

아래의 왼쪽 이미지는 코파일럿이 그려 준 이미지입니다. 오른쪽의 실제 아인슈타인 사진과 비교해 보겠습니다.

코파일럿이 만든 아인슈타인 이미지

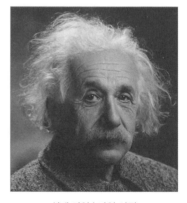

실제 아인슈타인 사진

역사적 건축물 그리기

다음으로 역사적 건축물 이미지를 그려 보겠습니다. 코파일럿에 들어가서 다음과 같이 입력합니다.

> 19세기 말 독일 베를린의 브란덴부르크 문을 그려 주세요.

아래의 왼쪽 이미지는 코파일럿이 그려 준 이미지입니다. 오른쪽의 실제 19세기 말 브란덴부르크 문 사진과 비교해 보겠습니다.

실제 19세기 말 브란덴부르크 문 사진

코파일럿이 만든 19세기 말
브란덴부르크 문 이미지

코파일럿이 만든 19세기 말 브란덴부르크 문 이미지는 보불전쟁 후인 1871년 브란덴부르크 문 실제 사진과 비교해 봐도 사실적으로 그려졌습니다. 코파일럿이 만든 이미지에는 19세기 말의 시대상도 잘 구현되어 있습니다. 당시까지 교통수단으로 사용되었던 마차뿐만 아니라, 독일의 카를 벤츠가 1885년에 개발한 자동차로 보이는 물체도 볼 수 있습니다.

도시 전경, 과거의 사회구조, 문물 및 제도, 정책 등은 그리기 곤란함

그렇다면 그보다 더 넓은 범위, 예를 들어 고대 아테네, 로마 같은 도시의 전체 풍경도 그릴 수 있을까요?

아닙니다. 코파일럿을 비롯한 생성형 AI는 아직까진 도시 전경처럼 비교적 넓은 공간은 제대로 그리지 못합니다.

생성형 AI가 그린 고대 도시 이미지에는 아크로폴리스나 콜로세움 등 도시의 대표적인 건축물이 들어 있기는 합니다. 그렇지만 도시의 자연지리적 경관이나 공간 배치, 건축물의 위치 등은 실제와 상당히 다릅니다.

게다가 종종 고대 도시 풍경을 그려 달라고 했더니, 근ㆍ현대, 심지어는 미래의 건축물들이 들어 있기도 합니다. 그리고 과거의 사회구조, 문물 및 제도, 정책 등의 개념을 이미지로 만드는 것도 곤란합니다.

다만, 가끔씩 기발하면서도 성공적인 사례가 있기는 합니다. 단발령을 그려 보겠습니다.

> 1895년 한국에서 실시된 단발령을 그려 주세요.

아래는 코파일럿이 그려 준 이미지들입니다. 쉬어 가는 차원에서 한 번 구경하고 가겠습니다.

역사적 사건 그리기: 프랑스 혁명

코파일럿을 비롯한 생성형 AI는 유명한 역사적 사건을 그릴 수 있습니다. 프랑스 혁명을 그래픽 노블처럼 그려 보겠습니다.

> 프랑스 혁명을 그래픽 노블 그림체로 그려 주세요.

　아래의 왼쪽 이미지는 코파일럿이 그려 준 이미지입니다. 마치 그래픽 노블 작가가 그린 그림처럼 보입니다. 이어서 오른쪽의 〈민중을 이끄는 자유의 여신〉 그림과 비교해 보겠습니다. 그런데 두 그림이 상당히 비슷합니다. 코파일럿이 그린 이미지는 〈민중을 이끄는 자유의 여신〉(오른쪽)을 거의 따라 그린 것으로 보입니다.

코파일럿이 만든 프랑스 혁명 이미지

들라크루아의 〈민중을 이끄는 자유의 여신〉

　또한 코파일럿이 그린 이미지는 엄밀히 말하면 프랑스 혁명을 그린 것이 아닙니다. 흔히들 '프랑스 혁명'이라고 하면 대개는 19세기 말에 프랑스에서 일어난 시민혁명을 가리킵니다. 그런데 코파일럿이 그린 이미지나, 그 원작 그림인 〈민중을 이끄는 자유의 여신〉은 모두 1830년에 일어난 '7월 혁명(1830)'을 그린 그림입니다. 코파일럿은 제가 요청했던 것이 아닌 엉뚱한 이미지를 그린 것입니다. 그럼 코파일럿은 왜 이런 이미지를 그렸을까요?

구글에서 '프랑스 혁명'이라고 검색해 보면 〈민중을 이끄는 자유의 여신〉이 많이 올라와 있습니다. 적지 않은 사람들이 〈민중을 이끄는 자유의 여신〉을 1830년의 7월 혁명이 아니라 프랑스 혁명을 묘사한 작품으로 잘못 알고 있고, 인터넷에 글도 썼기 때문입니다. 그리고 코파일럿은 인터넷에서 정보를 학습할 때 이런 잘못 알려진 상식까지도 같이 학습했던 것이죠.

이번에는 좀 더 구체적으로 요청했습니다. '프랑스 혁명'이라고만 하는 것보단, 프랑스 혁명 때 일어난 더욱 구체적인 사건을 그려 달라고 하면 더욱 적절한 이미지를 얻을 것이라고 생각했기 때문입니다. 프랑스 혁명의 시작이기도 한, 바스티유 감옥 습격 장면을 장난감 스타일로 그려 보겠습니다.

다음 역사적 사건을 그려 주세요.
주제: 프랑스 혁명
내용: 바스티유 습격(1789년 7월 14일)
스타일: 장난감

아래의 왼쪽 이미지는 코파일럿이 그려 준 이미지입니다. 오른쪽의 〈바스티유 습격〉 그림과 비교해 보겠습니다.

코파일럿이 만든 바스티유 습격 이미지

〈바스티유 습격〉

이번에는 정말로 프랑스 혁명 중에 일어난 사건인 바스티유 습격을 그려 주었습니다. 또한 제가 요청한 대로 장난감 스타일로 표현해 주었습니다. 다만 코파일럿이 그린 이미지에서는 오른쪽 〈바스티유 습격〉 그림에 묘사된 바스티유의 거대한 성벽이 안 보입니다. 그래서 아래와 같이 다시 그려 달라고 요청했습니다.

다음 역사적 사건을 그려 주세요.
주제: 프랑스 혁명
내용: 바스티유 습격(1789년 7월 14일)
스타일: 장난감
기타: 바스티유 감옥의 거대한 성벽을 묘사할 것

아래는 코파일럿이 만들어 준 이미지입니다.

역사적 사건 그리기: 베르됭 전투

이번에는 다른 시대의 역사적 사건을 그려 달라고 해 보겠습니다. 제1차 세계대전 중에 일어난 베르됭 전투의 영국 측 참호 진지입니다.

다음 역사적 사건을 그려 주세요.

주제: 베르됭 전투(1916)

배경: 참호 진지 내부

상황: 진흙탕 범벅이 된 영국 육군 장병들

스타일: 그래픽 노블

아래는 코파일럿이 그려 준 이미지입니다.

이미지에 그려진 사건이 베르됭 전투인지는 분명하지 않습니다. 그렇지만 1차 세계대전 중 영국 측 참호인 것만은 분명합니다. 〈1917〉 같은 1차대전 관련 영화, 다큐에 자주 나오는 챙 넓은 철모(브로디 철모), 트렌치코트 등을 착용한 영국 육군 장병들이 참호에서 지내는 모습이 그래픽 노블 그림체로 묘사되어 있습니다.

코파일럿을 비롯한 생성형 AI는 프랑스 혁명이나 제1차 세계대전처럼 자기가 많이 학습한 역사적 사건은 이미지로 잘 그려 줍니다. 그렇지만 자기가 충분히 학습하지 않은 역사적 사건을 그리는 데는 서툽니다. 우리에게 3 · 1운동은 굉장히 중요한 역사적 사건이지만 생성형 AI

는 자꾸 엉뚱한 그림을 그리곤 합니다.

사료 내용 그리기: 혁거세의 탄생

사료 내용을 바탕으로 이미지를 그려 달라고 요청할 수도 있습니다. 예를 들어 『삼국사기』에는 혁거세의 탄생이 다음과 같이 기록되어 있습니다

> 고허촌의 우두머리인 소벌공(蘇伐公)이 양산의 기슭을 바라보니, 나정(蘿井) 옆 숲속에서 말이 무릎을 꿇고 울부짖고 있었다. 그래서 가서 살펴보니 홀연히 말은 보이지 않고, 단지 큰 알이 있었다. 알을 깨뜨리니 어린아이가 나왔다. 이에 거두어서 길렀는데, 나이 십여 세가 되자 쑥쑥 커서 남들보다 일찍 성인의 모습을 갖추었다. 6부의 사람들이 그 탄생이 신비롭고 기이하다고 하여 떠받들었는데, 이때 이르러 임금으로 세운 것이다.[12]

위 사료 내용을 약간 고치고 다듬어서 코파일럿에게 그려 달라고 하겠습니다.

> 고대 신화의 장면을 그리세요.
> 주제: 신라 왕조의 건국 신화
> 배경: 소나무 숲속의 한 가운데, 근처에 우물.

---

12 『삼국사기』 권제1 신라본기 제1, 한국사데이터베이스에서 인용

상황:

1. 이미지 한가운데에는 갓 태어난 사내아이, 주위를 신비한 기운이
   감싸고 있음. 부화된 알에서 막 나오고 있다.
2. 사내아이 곁에서 하얀 말이 엎드려 있음
3. 사내아이와 말 주변을 여섯 노인이 무릎을 꿇은 채 둘러싸고 있음.
   노인들은 모두 상투를 틀었고, 놀라워하면서도 감격스러운 표정.

아래는 코파일럿이 그려 준 이미지입니다.

그림을 그려 달라고 했을 때 요청한 대로, 신비로운 분위기, 소나무
숲속, 부화된 알에서 갓 태어난 사내아이, 하얀 말, 아이를 둘러싼 노인

들이 보입니다. 노인들은 모두 상투를 틀고 있습니다. 다만 원래 요청했던 내용과 다른 부분도 있습니다. 이 이미지에는 우물 대신 작은 개울물이 있고, 하얀 말은 엎드린 대신 서 있으며, 노인들은 여섯 명이 아니라 일곱 명인 데다, 무릎을 꿇지 않고 일어서 있습니다. 그것만 빼면 비교적 요청대로 만들어졌습니다.

이상으로 생성형 AI를 활용해 역사 이미지를 만들어 보았습니다. 교사나 학생들은 역사적인 인물, 건축물, 사건 등을 또는 사료의 내용을 이미지로 만들어 수업에 활용할 수 있습니다. 특히 수업에서 다뤄지는 역사적 사실과 관련된 시각 자료가 아예 존재하지 않는 경우에는 이미지를 만드는 기능이 훨씬 유용할 것입니다.

시각 자료를 직접 만들어 제시하면 학생들이 수업에 몰입하고, 역사적 사건을 더 잘 이해하고 기억하는 데 도움이 될 수 있습니다. 또한 생성형 AI를 활용한 다른 활동들, 예를 들어 시간 여행, 역사 시뮬레이션의 상황 제시 및 전개를 위한 삽화 등으로 활용한다면 해당 수업을 더욱 효과적으로 전개할 수 있을 것입니다.

생성형 AI는 학생들이 역사 수업에서, 실행자보단 좀 더 기획자 역할을 수행할 수 있게 해 줍니다. 미래 사회에 대한 긍정적인 전망 중에는 AI가 실행자 역할을 맡고, 인간은 기획자 역할을 맡게 되리라는 전망이 있습니다. 그 기획자의 능력을 학생들이 갖추는 데도 도움이 될 것입니다.

만약 그림이 맘에 들지 않는다면

물론, 생성형 AI가 만든 역사 그래픽은 우리가 원했던 것이 아닐 수도 있습니다. 앞에서 제가 프랑스 혁명을 그려 달라고 했을 때, 코파일럿이 7월 혁명을 다룬 〈민중을 이끄는 자유의 여신〉을 그려 줬던 것처럼, 잘못된 상식을 담고 있기도 합니다.

그럴 경우에는 새로운 탐구 활동을 해 보면 어떨까요? 교사는 생성형 AI가 만든 역사 그래픽에 어떤 오류가 있는지 학생들이 직접 발견하고, 발견한 오류를 어떻게 구체적으로 개선할 수 있는지 대안을 제시하며, 그렇게 개선된 내용을 직접 역사 그래픽으로 만들어 보도록 지도할 수 있을 것입니다. 그 과정에서 학생들은 생성형 AI가 만든 역사 그래픽을 비롯해 역사 관련 자료로 제시되는 그림, 사진, 영상 등을 비판적으로 수용하는 능력을 기를 수 있을 것입니다.

4장

챗GPT로
역사적 사고력 키우기

역사 시뮬레이션
"역사의 한복판에서
의사결정 능력을 키우자"

이 장에서는 생성형 AI를 활용하여 역사 시뮬레이션하는 방법을 다룹니다. '역사 시뮬레이션'이란 '만약 어떤 의사결정을 했다면 역사는 어떻게 바뀌었을까'를 실험하는 활동입니다. 사람들은 역사의 갈림길에서 선택을 해왔습니다. 그리고 그들의 선택은 이후 역사의 흐름에 크고 작은 영향을 미치게 되었습니다. 우리는 '역사 시뮬레이션'을 통해 스스로 역사적 인물의 입장이 되어 선택을 하고, 그 영향을 탐구할 수 있습니다.

'역사 시뮬레이션'은 주로 게임으로 많이 출시되었습니다. 코에이의 〈삼국지〉 시리즈는 중국 삼국시대의 군주가 되어 천하를 통일하는 내용으로 오랫동안 인기를 누렸습니다. 유명한 〈스타크래프트〉와 비슷한 시기에 마이크로소프트 등에서 출시한 〈에이지 오브 엠파이어〉는 선사 및 고대 문명들 사이의 경쟁을 다뤘습니다. 이후 후속작들이 이어지면서 근대 문명까지 다루는 시리즈가 되었습니다. 파이락시스 게임즈에서 출시한 〈문명〉 시리즈는 인류 문명의 모든 시기를 다룬 대표적인 시뮬레이션 게임입니다.

크리에이티브 어셈블리의 〈토탈 워〉 시리즈도 비슷하게 고대에서 근대 문명을 다루고 있지만, 군대 간의 충돌에 초점을 맞추었습니다. 이들 게임은 교육적인 면도 있지만, 실제 수업에서 활용하기는 현실적으로 어렵습니다.

그렇지만 생성형 AI를 활용해 '역사 시뮬레이션'을 해 보거나, 심지어는 직접 설계할 수도 있습니다. 학생은 생성형 AI가 제시한 역사적 상황 및 조건을 고려해 선택을 하고, 그에 따라 어떤 결과를 불러오게 될지 깨닫게 됩니다. 또한 자신이 선택하지 않았던 다른 대안들이 어떤 결과를 불러오게 되는지를 함께 살펴볼 수 있습니다. 그 과정에서 학생은 역사 속에서 의사결정이 중요한 문제라는 것을 인식하게 될 것입니다. 뿐만 아니라 더 나은 의사결정이 무엇인지에 대해 고민하고 성찰하는 자질을 키우게 될 것입니다.

다음은 '역사 시뮬레이션'을 위한 세계사 수업 계획입니다.

1차시. 역사 시뮬레이션 대상 선정과 사전 학습

교사는 도입 부분에서 생성형 AI를 활용하여 역사 시뮬레이션을 할 수 있음을 학생들에게 알려 주고, 학습 목표 및 차시별 활동을 안내합니다.

이어서 교사는 역사 시뮬레이션을 할 대상을 제시합니다. 이번 차시

역사 시뮬레이션 수업 지도안(2차시)

과목	세계사	
관련 성취기준	[12세사01-02] 인류의 출현을 파악하고, 구석기와 신석기 시대 사람들의 생활 모습을 통해 인류 사회의 발전을 이해한다	
단원	II-2-2. 선사 문화의 발달	
차시	선사 시대의 생활과 발전	
학습 목표	생성형 AI를 활용하여 논쟁형 역사 토론 수업을 하고, 이를 바탕으로 역사를 둘러싼 다양한 쟁점을 이해하며, 적절한 근거를 바탕으로 합리적인 판단을 할 수 있다.	
수업단계	교수-학습활동	비고
1차시	**도입** - 교사는 생성형 AI를 활용하여 역사 시뮬레이션을 할 수 있음을 학생들에게 알려 준다. - 교사는 학습 목표 및 수업 절차를 학생들에게 안내한다. **역사 시뮬레이션을 할 대상을 학습** - 교사는 교과진도와 관련 있는 역사 시뮬레이션 대상을 제시한다. - 각 모둠은 제시된 시뮬레이션 대상 관련 지식을 생성형 AI에게 물어 본다. - 각 모둠의 구성원들은 생성형 AI가 대답한 내용과 관련된 사실 및 자료를 조사 및 수집한다. - 각 모둠의 구성원들은 생성형 AI가 대답한 내용에 잘못된 부분이 있는지 검증한다. - 각 모둠은 학습한 내용을 바탕으로 구체적인 역사 시뮬레이션 주제를 정한다.	
2차시	**역사 시뮬레이션 실시** - 각 모둠은 생성형 AI에게역사 시뮬레이션을 실시해 달라고 요청한다. - 각 모둠은 생성형 AI가 제시한 역사 시뮬레이션의 상황 및 조건을 고려하여, 모둠 내 토의를 거쳐 의사 결정을 한다. **모둠별 활동 결과 공유** - 역사 시뮬레이션이 끝나면 각 모둠은 그 내용을 정리한다. **마무리** - 모둠별 활동을 다른 모둠과 비교하며, 어떤 교훈을 얻었는지 설명한다.	

는 '선사 시대의 생활과 발전'이니, 교사는 '신석기 시대 사냥꾼 및 채집꾼의 환경 적응'을 시뮬레이션 대상으로 제시합니다. 그 다음에 교사는 각 모둠이 관련 지식을 학습하도록 지도합니다. 학생들은 시뮬레이션 대상에 관한 지식을 생성형 AI에게 물어보게 합니다.

제미나이에 접속해서 다음과 같이 물어봅니다.

> 신석기 시대 사냥꾼과 채집꾼들은 변화된 환경에 어떻게 적응했나요?

제미나이의 대답입니다.

> **신석기 시대 사냥꾼과 채집꾼들의 환경 적응 전략**
>
> 신석기 시대 사냥-채집꾼은 다양한 환경 변화에 직면했습니다. 기후 변화, 해수면 상승, 동식물의 이동 등이 대표적인 예입니다. 이러한 변화에 적응하기 위해 사냥-채집꾼들은 다음과 같은 전략을 사용했습니다.
>
> **1. 이동**
> 환경 변화가 생존에 심각한 위협이 되면, 사냥-채집꾼들은 새로운 먹이와 물을 찾기 위해 이동했습니다. 이러한 이동은 계절적인 이동이나 장거리 이동의 형태를 취했습니다. 계절적인 이동은 먹이가 풍

부한 지역을 따라 이동하는 방식이며, 장거리 이동은 새로운 영역을 개척하는 방식입니다.

2. 기술 개발

새로운 환경에 적응하기 위해 사냥-채집꾼들은 새로운 도구와 기술을 개발했습니다. 예를 들어, 해안 지역으로 이동한 사냥-채집꾼들은 어업 기술을 개발하고, 숲 속으로 이동한 사냥-채집꾼들은 활과 화살을 사용하는 기술을 개발했습니다.

3. 사회 조직 변화

환경 변화는 사회 조직에도 영향을 미쳤습니다. 예를 들어, 새로운 먹이를 찾기 위해 더 넓은 지역을 탐험해야 하는 경우, 사냥-채집꾼들은 더 작은 그룹으로 분리될 수도 있었습니다. 또한, 새로운 기술을 개발하고 퍼뜨릴 수 있도록 사회적 협력이 강화될 수도 있었습니다.

4. 문화적 변화

환경 변화는 사냥-채집꾼들의 문화에도 영향을 미쳤습니다. 예를 들어, 새로운 환경에 대한 신화와 전통이 발전할 수 있었습니다. 또한, 새로운 환경에 적응하기 위한 새로운 의식과 가치관이 형성될 수도 있었습니다.

5. 혼종화

어떤 경우에는 사냥-채집꾼들이 다른 문화 집단과 혼종화하기도 했습니다. 이러한 혼종화는 새로운 기술과 아이디어를 교환하는 데 도움이 되었으며, 새로운 환경에 더 잘 적응할 수 있도록 했습니다.

- 동아시아: 신석기 시대 동아시아 지역에서는 기후 변화로 인해 해수면이 상승했습니다. 이에 따라 해안 지역에 살았던 사냥-채집꾼들은 새로운 먹이를 찾기 위해 내륙으로 이동했습니다. 또한, 새로운 도구와 기술을 개발하여 해양 자원을 활용했습니다. 예를 들어, 어망과 낚싯바늘을 개발하여 어업을 발전시켰습니다.
- 유럽: 신석기 시대 유럽 지역에서는 숲이 확장되었습니다. 이에 따라 숲 속에서 살았던 사냥-채집꾼들은 새로운 먹이를 찾기 위해 숲 속 깊숙이 들어가야 했습니다. 또한, 활과 화살을 사용하는 기술을 개발하여 사냥 효율성을 높였습니다.

결론

신석기 시대 사냥-채집꾼들은 다양한 환경 변화에 직면했지만, 이동, 기술 개발, 사회 조직 변화, 문화적 변화, 혼종화 등의 전략을 사용하여 적응했습니다. 이러한 적응 능력이야말로 사냥-채집꾼들이 수만 년 동안 지속할 수 있었던 가장 중요한 요인 중 하나입니다.

모둠 구성원들은 생성형 AI가 대답한 내용을 읽고, 관련된 사실 및 자료들을 조사 및 수집합니다. 그리고 조사 및 수집된 사실과 자료를 바탕으로, 생성형 AI가 대답한 내용에 잘못된 부분이 있는지 검증합니다. 그 다음에는 모둠에서 토의하여 구체적인 역사 시뮬레이션 주제를 정합니다. 이번에 모둠에서 정한 구체적인 주제는 '신석기 시대 부족장의 의사결정'이라고 가정합시다.

2차시. 역사 시뮬레이션 수업과 모둠 활동

제미나이에 접속해서 다음과 같이 질문합니다. 질문할 때는 의사결정을 시뮬레이션하고 싶다는 의도와, 시뮬레이션할 대상을 알려 주고, 시나리오를 시뮬레이션할 수 있는지 물어 봅니다. 여기서는 모둠 내 토의를 거쳐 제미나이에게 질문하거나 요청할 내용을 결정하도록 하겠습니다. 예시로, 어느 모둠에서 신석기 시대 부족장의 의사 결정을 시뮬레이션하기로 했고, 어떤 시나리오를 진행할지 아이디어가 부족하니, 열린 질문을 하여 가능한 시나리오를 물어보기로 했다고 가정합시다.

> 제미나이를 활용해 신석기 시대 부족장의 의사결정을 시뮬레이션하고 싶습니다. 어떤 시나리오를 시뮬레이션할 수 있나요?

제미나이의 대답입니다.

> **제미나이를 활용한 신석기 시대 부족 우두머리 시뮬레이션 경험**
>
> 제미나이를 활용하여 신석기 시대 부족 우두머리의 역할을 맡고, 부족의 존속을 위한 중요한 사안에 대한 다양한 의사결정을 하는 시뮬레이션을 통해 다음과 같은 경험을 할 수 있습니다.
>
> **1. 부족의 현황 파악**
> • 부족의 인구, 식량, 도구, 무기, 주거 환경 등을 파악하여 부족의 현재 상황을 분석합니다.

- 주변 환경, 기후, 자원, 다른 부족들과의 관계 등을 파악하여 부족이 직면한 위협과 기회를 파악합니다.

2. 중요한 사안에 대한 의사결정
- 식량 부족, 질병 발생, 자연재해, 다른 부족과의 갈등 등 다양한 위기 상황에 직면했을 때, 부족의 생존을 위해 어떤 결정을 내려야 할지 고민하고 선택합니다.
- 각 결정의 장단점을 분석하고, 부족 구성원들의 의견을 수렴하여 현명한 결정을 내리도록 노력합니다.

3. 리더십 발휘
- 부족 구성원들을 하나로 모으고, 위기 상황을 극복하기 위해 리더십을 발휘합니다.
- 명확한 비전을 제시하고, 부족 구성원들에게 용기를 북돋아주며, 협력을 이끌어냅니다.

4. 다양한 결과 경험
- 내린 결정에 따라 부족의 운명이 달라지고, 다양한 결과를 경험하게 됩니다.
- 성공적인 결과를 통해 성취감을 느끼고, 실패한 결과를 통해 교훈을 얻습니다.

5. 역사적 지식 습득
- 신석기 시대의 생활 방식, 문화, 사회 조직 등에 대한 역사적 지식을 습득합니다.
- 당시 사람들이 어떻게 살았고, 어떤 어려움과 도전에 직면했는지

이해하게 됩니다.

예시 시나리오

- 가뭄: 극심한 가뭄으로 인해 식량 부족 위기에 직면한 부족의 우두 머리로서, 새로운 물 공급원을 찾거나, 다른 부족과의 교역을 통해 식량을 확보해야 하는 상황에 놓입니다.
- 질병 발생: 전염병이 부족을 공격하여 많은 사람들이 사망하는 상 황에 놓입니다. 우두머리는 질병을 막기 위한 방안을 마련하고, 병 에 걸린 사람들을 돌봐야 합니다.
- 자연재해: 폭풍우나 지진으로 인해 부족의 주거지가 파괴되는 상 황에 놓입니다. 우두머리는 새로운 주거지를 마련하고, 부족 구성 원들을 안전하게 보호해야 합니다.
- 다른 부족과의 갈등: 다른 부족과 영토나 자원을 놓고 갈등이 발생합 니다. 우두머리는 전쟁을 피하고, 평화적인 해결책을 찾아야 합니다.

제미나이를 활용한 신석기 시대 부족 우두머리 시뮬레이션은 역사, 리더십, 의사결정 등에 대한 이해를 높이고, 창의력과 문제 해결 능 력을 향상시키는 데 도움이 될 것입니다.

시뮬레이션을 진행하기 위한 팁

- 다양한 정보를 수집하여 부족의 상황을 파악합니다.
- 부족 구성원들의 의견을 경청하고, 다양한 관점을 고려합니다.
- 장단점을 신중하게 분석하고, 현명한 결정을 내립니다.
- 예상치 못한 상황에 대비하고, 유연하게 대처합니다.
- 시뮬레이션 결과를 통해 교훈을 얻고, 다음번에는 더 나은 결정을 내리도록 노력합니다.

> 이 시뮬레이션을 통해 신석기 시대 사람들의 삶과 문화를 더욱 생생하게 이해하고, 리더로서의 역량을 키울 수 있는 기회를 얻으시길 바랍니다.

제미나이는 신석기 시대 부족장의 의사결정을 경험하기 위한 몇 가지 시뮬레이션 시나리오를 제시해 주었습니다. 모둠 구성원들은 '신석기 시대의 질병 발생'이나 '자연재해'는 좀처럼 다뤄진 적 없는 주제라서 신선하게 느꼈다고 가정합니다. 신석기 시대에 다른 부족과의 갈등을 해결하는데 성공하여 평화를 얻든지, 해결에 실패하여 전쟁을 치르든지 하여 부족들이 통합되고, 이를 바탕으로 문명이 발생하게 되었으므로 '다른 부족과의 갈등 시나리오'를 선택했다고 가정합시다.

> 다른 부족과의 갈등 시나리오를 시뮬레이션하겠습니다.

제미나이의 대답입니다.

> **신석기 시대 부족 갈등 시뮬레이션**
>
> **시나리오:**
> 당신은 신석기 시대 한 부족의 우두머리입니다. 당신의 부족은 비옥한 계곡에 살고 있으며, 풍부한 식량과 물을 보유하고 있습니다. 하지만 최근 다른 부족이 당신들의 영토를 침범하려 하고 있으며, 갈등

이 점점 심화되고 있습니다. 다른 부족은 당신들의 계곡의 풍요로운 자원을 탐내고 있으며, 전쟁을 일으킬 위협까지 하고 있습니다.

당신은 다음과 같은 선택을 할 수 있습니다.
- 전쟁: 다른 부족과 전쟁을 통해 영토를 지키고, 부족의 안전을 확보합니다. 하지만 전쟁은 많은 사람들의 목숨을 앗아갈 수 있으며, 부족에게 큰 피해를 입힐 수 있습니다.
- 협상: 다른 부족과 협상을 통해 평화적인 해결책을 모색합니다. 서로의 영토를 인정하고, 자원을 공유하는 방법을 찾을 수도 있습니다. 하지만 협상이 실패하면 전쟁으로 이어질 수 있습니다.
- 도망: 다른 부족을 피해 더 안전한 곳으로 도망칩니다. 하지만 새로운 곳에서 생활을 시작하는 것은 쉽지 않으며, 부족의 문화와 전통을 잃을 수도 있습니다.

각 선택의 장단점
- 전쟁
  - 장점: 영토를 지키고, 부족의 안전을 확보할 수 있습니다. 다른 부족들에게 당신들의 강력함을 보여주고, 앞으로의 침략을 막을 수 있습니다.
  - 단점: 많은 사람들의 목숨을 앗아갈 수 있으며, 부족에게 큰 피해를 입힐 수 있습니다. 또한, 전쟁은 오랜 증오와 갈등을 야기할 수 있습니다.

- 협상
  - 장점: 평화적인 해결책을 통해 더 많은 사람들의 목숨을 구할 수 있습니다. 또한, 다른 부족과의 관계를 개선하고, 서로에게 도움

을 줄 수 있습니다.

- 단점: 협상이 실패하면 전쟁으로 이어질 수 있습니다. 또한, 다른 부족에게 양보를 해야 할 수도 있습니다.

• 도망
- 장점: 전쟁을 피하고, 부족 구성원들의 목숨을 구할 수 있습니다.
- 단점: 새로운 곳에서 생활을 시작하는 것은 쉽지 않으며, 부족의 문화와 전통을 잃을 수도 있습니다. 또한, 다른 부족들에게 약점을 보여주고, 앞으로 더 많은 침략을 받을 수 있습니다.

당신은 어떤 선택을 하시겠습니까?

시뮬레이션 진행 방법
1. 위의 시나리오를 읽고, 당신이 상황에 처한 부족의 우두머리라고 상상해 보세요.
2. 각 선택의 장단점을 신중하게 분석하고, 어떤 선택이 당신의 부족에게 가장 유리할지 생각해 보세요.
3. 당신의 선택을 결정하고, 그 이유를 설명해 보세요.
4. 당신의 선택에 따라 시뮬레이션이 진행되고, 다양한 결과를 경험하게 됩니다.

시뮬레이션 결과를 통해 당신의 선택이 어떤 영향을 미쳤는지 확인하고, 다음번에는 더 나은 결정을 내리도록 노력하세요.

시뮬레이션을 통해 다음과 같은 것을 배우고 경험할 수 있습니다.
• 리더로서의 의사결정 능력

- 위기 상황에서의 리더십 발휘
- 다양한 관점 고려
- 창의적인 문제 해결 능력
- 역사적 지식

제미나이는 시나리오 배경을 제시해준 뒤, 다른 부족과의 갈등 상황에서 일어날 수 있는 여러 가지 선택지를 제시했습니다. 선택지는 '전쟁', '협상', '도망' 등입니다.

역사 시뮬레이션은 자유롭게 진행할 수 있습니다. 생성형 AI가 제시한 선택지를 그대로 고를 수도 있고, 선택을 유보하고 추가 정보를 요청하거나, 완전히 새로운 선택을 스스로 할 수도 있습니다. 아예 시나리오 설정을 바꿔버리는 것도 가능합니다. 모둠은 토의를 거쳐, '제미나이가 제시한 선택지대로만 하면 너무 시시하니, 좀 더 상황을 구체적으로 만들어 보자'고 했다고 가정합시다. 그 다음 모둠은 '어떤 상황을 추가하면 좋을까?'하고 고민하다가, 여러 의견을 모아 '각 부족이 인구수 및 구성, 식량, 주거, 무기를 얼마나 보유했는지 설정하자'고 의사결정에 합의했다고 가정합시다. 따라서 여기서는 선택지를 바로 고르지 않고, 추가 정보를 요청하겠습니다.

제미나이에게 질문합니다.

우리 부족과 다른 부족의 현황을 인구 수 및 구성, 식량, 주거, 무기를 기준으로 비교한 다음 어떤 선택을 할지 결정하겠습니다.

부족 간 갈등을 좀 더 구체화하기 위해, 두 부족의 힘의 크기를 다양한 기준으로 비교하라고 했습니다. 원래 제시된 시나리오에서는 단순히 서로 갈등하는 부족들이 존재한다고만 되어 있었습니다. 각 부족이 어떻게 이뤄져 있는지, 그리고 두 부족들 간에는 어떤 차이가 있는지 등, 좀 더 시나리오를 구체화할 필요가 있어 위와 같이 요청한 것입니다.

제미나이의 대답입니다.

신석기 시대 부족 현황 비교:

1. 우리 부족

기준	현황
인구 수 및 구성	남성: 30명, 여성: 30명, 어린이: 20명
식량	곡물: 충분, 야생 동물: 적당, 과일: 풍부
주거	움막: 30개, 지하 저장고: 2개
무기	창: 20개, 활과 화살: 10개, 돌칼: 15개

2. 다른 부족

기준	현황
인구 수 및 구성	남성: 40명, 여성: 20명, 어린이: 10명
식량	곡물: 부족, 야생 동물: 풍부, 과일: 적당
주거	움막: 20개, 지하 저장고: 1개
무기	창: 30개, 활과 화살: 5개, 돌칼: 10개

3. 비교 요약

기준	우리 부족	다른 부족
인구 수	80명	70명
남성	30명	40명
여성	30명	20명
어린이	20명	10명
식량	곡물: 충분, 야생 동물: 적당, 과일: 풍부	곡물: 부족, 야생 동물: 풍부, 과일: 적당
주거	움막: 30개, 지하 저장고: 2개	움막: 20개, 지하 저장고: 1개
무기	창: 20개, 활과 화살: 10개, 돌칼: 15개	창: 30개, 활과 화살: 5개, 돌칼: 10개

4. 주요 차이점

- 인구 구성: 우리 부족은 여성과 어린이의 비율이 더 높습니다.
- 식량: 우리 부족은 곡물이 풍부하고, 과일도 많습니다. 다른 부족은 곡물이 부족하지만, 야생 동물은 더 많습니다.
- 주거: 우리 부족은 움막 수가 더 많고, 지하 저장고도 2개 있습니다.
- 무기: 다른 부족은 창이 더 많고, 활과 화살은 적습니다.

5. 고려 사항

- 인구 구성: 여성과 어린이가 많은 것은 부족의 생산성과 전투력에 영향을 미칠 수 있습니다.
- 식량: 곡물과 과일이 풍부한 것은 식량 안보에 도움이 됩니다. 하지만, 다른 부족은 야생 동물을 통해 단백질을 더 많이 확보할 수 있습니다.
- 주거: 움막 수가 많고 지하 저장고가 있는 것은 부족의 안전과 보

안에 도움이 됩니다.
- 무기: 창과 활과 화살은 각각 장단점이 있습니다. 창은 근접 전투에 유리하고, 활과 화살은 원거리 공격에 유리합니다.

6. 결론
우리 부족과 다른 부족은 각각 강점과 약점을 가지고 있습니다. 어떤 선택을 하는지는 상황에 따라 달라질 수 있습니다.

참고:
- 위의 비교는 일반적인 신석기 시대 부족의 특징을 기반으로 합니다. 실제 부족의 현황은 다를 수 있습니다.
- 시뮬레이션을 진행하기 위해서는 더 많은 정보가 필요할 수 있습니다. 예를 들어, 두 부족의 관계, 주변 환경, 문화적 특징 등을 고려해야 합니다.

앞의 시나리오와 비교했을 때 어떻습니까? 이제 두 부족은 모두 인구 수 및 구성, 식량, 주거, 무기를 지닌 구체적인 실체가 되었습니다. 그리고 이를 바탕으로 두 부족 간의 힘의 차이를 비교하고 있습니다. 시뮬레이션을 좀 더 상세한 조건으로 진행할 수 있게 되었습니다. 모둠은 토의를 거쳐 '협상하던 중 다른 부족에서 갑자기 습격할 수도 있으니, 우리도 미리 대비하자'고 의사결정에 합의했다고 가정합시다. 그리고 각자 낸 아이디어 중 적절한 것들을 골라 제미나이에게 다음과 같이 요청합니다.

다른 부족에게 협상을 제안하지만, 만약의 경우를 대비해 전투를 준비합니다.

남성들 중 활과 화살을 가장 잘 쓰는 2명은 협상장 주변으로 가서 미리 숨어 있다가 만약 부족들 중 싸움이 벌어질 때는 다른 부족의 부족장에게 활을 쏠 것입니다.

남성들 중 활과 화살을 잘 쓰는 2명을 더 뽑아 영토 주변에서 야생동물을 사냥하여, 다른 부족보다 빨리 우리 부족의 식량을 확보합니다.

여성 2명은 야생동물을 사냥하는 남성 2명들과 동행하며, 사냥감이 잡힐 때마다 저장고로 옮깁니다.

남성들 중 민첩한 2명은 다른 부족이 사는 마을 주변으로 가서 미리 숨어 있다가 만약 부족들 간 싸움이 벌어질 때는 다른 부족 마을에 불을 지를 것입니다.

전쟁이냐 협상이냐, 그것도 아니면 도망이냐? 원래는 그 정도 수준의 선택지였지만, 이번에는 선택지를 매우 구체적으로 작성했습니다. 조금은 으스스한 내용이지만, 선사 시대부터 인류는 서로 싸웠으며, 다수의 사상자가 나왔다는 연구 결과를 떠올리며 작성했습니다.

제미나이의 대답입니다.

신석기 시대 부족 갈등 시뮬레이션: 협상과 전투 준비

1. 협상 제안

제안 내용: 우리 부족은 풍부한 과일을 가지고 있으며, 다른 부족에게 과일과 식량을 교환하자고 제안합니다. 또한, 서로의 영토를 인정하고, 평화롭게 공존하기 위한 조약을 체결할 것을 제안합니다.

협상 전략:
- 우리 부족의 풍부한 과일을 강조하고, 다른 부족에게 과일과 식량을 교환하자고 제안합니다.
- 서로의 입장을 존중하고, 서로에게 도움이 될 수 있는 조건을 제시합니다.
- 평화적인 해결책을 모색하고, 서로 협력하여 번영할 수 있도록 노력합니다.

2. 전투 준비
- 활과 화살을 잘 쓰는 남성 2명: 협상장 주변에 숨어 다른 부족이 협상을 거부하고 공격할 경우 부족장을 향해 활을 쏘아 무력화합니다.
- 활과 화살을 잘 쓰는 또다른 남성 2명: 영토 주변에서 야생 동물을 사냥하여 다른 부족보다 빨리 식량을 확보하고, 전투 준비를 합니다.
- 여성 2명: 사냥꾼들과 동행하여 사냥감을 저장고로 운반하고, 식량을 관리합니다.
- 민첩한 남성 2명: 다른 부족 마을 주변에 숨어 전투가 발생할 경우 적의 마을에 불을 질러 혼란을 야기합니다.

3. 시뮬레이션 진행
- 1단계: 우리 부족은 다른 부족에게 협상을 제안합니다.
- 2단계: 다른 부족은 우리 부족의 제안을 수락하거나 거부합니다.
- 2.1 다른 부족이 제안을 수락하는 경우:

- 두 부족은 평화 조약을 체결하고, 과일과 식량을 교환합니다.
- 두 부족은 공동 사냥이나 어로 활동을 통해 서로 협력하고 돕습니다.
- 두 부족은 더욱 풍요롭고 강력한 부족으로 성장합니다.

2.2 다른 부족이 제안을 거부하는 경우:

- 우리 부족은 전투를 준비합니다.
- 활과 화살을 잘 쓰는 남성 2명이 협상장 주변에서 다른 부족의 공격을 대비합니다.
- 활과 화살을 잘 쓰는 또다른 남성 2명과 여성 2명이 야생 동물을 사냥하여 식량을 확보합니다.
- 민첩한 남성 2명이 다른 부족 마을 주변에 숨어 전투가 발생할 경우 적의 마을에 불을 질러 혼란을 야기합니다.
- 전투가 발생하면 우리 부족은 인구 수와 무기 면에서 불리하지만, 협상을 통해 얻은 정보와 전투 준비를 통해 승리할 가능성을 높일 수 있습니다.

4. 결과

- 협상을 통해 평화적인 해결책을 모색하는 것이 중요합니다.
- 전투는 마지막 수단이며, 피해를 최소화하기 위해 노력해야 합니다.
- 위기 상황을 극복하기 위해서는 리더십과 창의적인 문제 해결 능력이 필요합니다.

5. 추가 정보

- 신석기 시대 부족의 전투 방식과 전략에 대한 정보를 더 많이 배우면 시뮬레이션을 더욱 현실적으로 진행할 수 있습니다.
- 다른 부족과의 갈등 상황을 다룬 역사적 사례를 참고하면 시뮬레

이션을 더욱 풍부하게 만들 수 있습니다.

6. 질문
- 다른 부족이 우리 부족의 제안을 거부할 가능성이 얼마나 높다고 생각하십니까?
- 우리 부족이 전투에서 승리할 가능성이 얼마나 높다고 생각하십니까?
- 협상을 통해 얻을 수 있는 최선의 결과는 무엇이라고 생각하십니까?

7. 다음 단계
- 위의 질문에 대한 답변을 바탕으로 시뮬레이션을 더욱 발전시킬 수 있습니다.

제미나이는 이번엔 협상과 전투를 모두 준비하는 시나리오를 제시해 주었습니다. 그 중 '3. 시뮬레이션 진행'에서는 앞으로 어떻게 시나리오를 전개할지 안내해 주었습니다. 모둠원들은 안내된 내용을 참고하고, 토의를 통해 '곧바로 싸우기보다는 최대한 협상에 나서자'라고 의사결정에 합의했다고 가정합시다. 구체적인 협상 내용도 마련합니다. 그리고 다음과 같이 제미나이에게 이야기합니다.

두 부족이 함께 농사를 짓자고 제안했습니다. 농사가 끝나고 수확하기 전까지는 각자 가진 식량으로 생활하자는 조건입니다.
만약 다른 부족에서 식량이 떨어졌을 경우, 활과 화살 5개를 우리에게 주면 활과 화살 5개로 잡을 수 있는 만큼의 야생동물을 주겠다고 덧붙였습니다. 나의 제안을 받아 들이겠습니까?

제미나이의 대답입니다.

신석기 시대 부족 갈등 시뮬레이션: 농사 제안 분석 및 결정

1. 제안 분석

장점:
- 식량 생산 증대: 두 부족이 함께 농사를 지으면 더 많은 식량을 생산할 수 있습니다. 이는 양쪽 부족의 식량 안보를 개선하고, 더욱 풍요로운 삶을 누릴 수 있도록 도와줍니다.
- 협력 강화: 농사를 함께 짓는 과정에서 두 부족은 서로 협력하고, 신뢰를 쌓을 수 있습니다. 이는 미래의 갈등을 예방하고, 평화로운 관계를 유지하는 데 도움이 될 수 있습니다.
- 문화 교류: 농사를 함께 짓는 과정에서 두 부족은 서로의 문화와 지식을 공유할 수 있습니다. 이는 상호 이해를 증진하고, 문화적 다양성을 존중하는 데 도움이 될 수 있습니다.

단점:
- 불확실성: 농사는 기상 조건에 따라 성공 여부가 달라질 수 있습니다. 만약 농사가 실패하면, 양쪽 부족 모두 식량 부족을 겪을 수 있습니다.
- 신뢰 부족: 다른 부족이 농사가 끝나고 수확하기 전에 약속을 어기고, 식량을 공유하지 않을 가능성이 있습니다. 이는 갈등으로 이어질 수 있습니다.
- 기술적 어려움: 두 부족이 서로 다른 농사 기술을 사용하는 경우, 함께 농사를 짓는 데 어려움을 겪을 수 있습니다.

---

2. 추가 조건

다른 부족에서 식량이 떨어졌을 경우, 활과 화살 5개로 잡을 수 있는 만큼의 야생 동물을 주겠다는 제안은 추가적인 장점입니다. 이는 우리 부족에게 추가적인 식량 공급원을 제공하고, 다른 부족과의 관계를 더욱 강화하는 데 도움이 될 수 있습니다.

3. 결정

저는 제안을 받아들입니다.

이유:

- 제안의 장점이 단점보다 크다고 생각합니다.
- 함께 농사를 지으면 식량 생산을 증대하고, 협력을 강화하며, 문화 교류를 할 수 있습니다.
- 다른 부족에서 식량이 떨어졌을 경우, 활과 화살 5개로 잡을 수 있는 만큼의 야생 동물을 주겠다는 제안은 추가적인 장점입니다.
- 농사가 실패할 가능성이 있지만, 그 위험을 감수할 가치가 있다고 생각합니다.
- 협상을 통해 다른 부족과의 신뢰를 구축하고, 약속을 지키도록 할 수 있습니다.
- 기술적 어려움이 있을 수 있지만, 서로 협력하여 해결할 수 있다고 생각합니다.

4. 다음 단계

- 다른 부족과 협상하여 제안을 구체화합니다.
- 농사를 위한 계획을 세우고, 역할 분담을 합니다.
- 농사를 함께 짓는 과정에서 서로 협력하고, 신뢰를 쌓습니다.

- 농사가 끝나고 수확하기 전에 약속을 지키도록 다른 부족을 설득합니다.
- 농사가 성공적으로 끝나면, 양쪽 부족 모두 풍요로운 삶을 누릴 수 있도록 노력합니다.

참고
- 농사 기술에 대한 지식을 쌓고, 농사 계획을 세우는 데 도움을 받기 위해 전문가의 조언을 구할 수 있습니다.
- 다른 부족과의 관계를 개선하고, 신뢰를 구축하기 위해 문화 교류 활동을 진행할 수 있습니다.
- 농사가 실패할 가능성에 대비하여, 비상 식량 저장고를 준비하고, 다른 식량 공급원을 확보할 수 있도록 노력합니다.

제미나이라면 의견을 받아들이겠다고 합니다. 모둠은 토의를 거쳐, '협상 결과에 따르고, 전투 준비는 해제하자, 그리고 농사 결과를 기다려 보자'라고 의사결정에 합의했다고 가정합시다. 그에 따라 제미나이에게 다음과 같이 요청합니다.

협상이 타결되어, 두 부족은 함께 농사를 짓기로 했습니다.
전투에 대비했던 부족 구성원들을 복귀시킵니다.
농사 결과를 알려주세요.

제미나이의 대답입니다.

신석기 시대 부족 갈등 시뮬레이션: 농사 결과

1. 협상 타결 및 농사 준비
- 두 부족은 협상을 통해 함께 농사를 짓는 것에 동의했습니다.
- 농사 계획을 세우고, 역할 분담을 했습니다.
- 농사를 위한 토지 준비, 씨앗 마련, 농기구 제작 등을 진행했습니다.
- 두 부족 구성원들은 서로 협력하고, 정보를 공유하며 농사를 준비했습니다.

2. 농사 진행
- 농사를 시작하여, 곡물, 과일, 채소 등을 심었습니다.
- 두 부족 구성원들은 협력하여 밭을 관리하고, 물을 주며, 잡초를 제거했습니다.
- 기상 조건이 좋았고, 해충 피해도 적어 농사가 잘 자랐습니다.

3. 농사 결과
- 농사가 성공적으로 끝났고, 두 부족 모두 풍부한 수확을 얻었습니다.
- 곡물, 과일, 채소 등을 충분히 확보하여 식량 안보를 개선했습니다.
- 두 부족 모두 농사에 대한 만족도가 높았고, 협력 관계가 더욱 강화되었습니다.

4. 협상 이후
- 두 부족은 수확한 식량을 공유하고, 서로에게 필요한 물품을 교환했습니다.

- 공동 사냥이나 어로 활동을 통해 서로 협력하고 돕는 관계를 유지
  했습니다.
- 두 부족은 서로의 문화를 배우고, 이해하며 평화로운 관계를 유지
  했습니다.

5. 교훈
- 협상을 통해 갈등을 평화적으로 해결할 수 있습니다.
- 서로 협력하면 더 많은 것을 성취할 수 있습니다.
- 신뢰와 이해는 평화로운 관계의 기반입니다.

6. 시뮬레이션 종료
이 시뮬레이션을 통해 신석기 시대 사람들의 삶과 문화를 더욱 생생
하게 이해하고, 리더로서의 역량을 키울 수 있는 기회를 얻으셨기를
바랍니다.

질문이나 의견이 있으면 언제든지 말씀해 주세요.

이번 시뮬레이션은 두 부족이 갈등을 평화롭게 해결하는 내용으로
마무리되었습니다. 의사결정은 결과적으로는 성공이었다고 할 수 있
겠습니다.

위 내용은 역사 시뮬레이션의 예시 중 하나였습니다. 역사 시뮬레이
션은 생성형 AI를 활용한 시나리오 부여, 시나리오를 바탕으로 모둠 내
토의 및 의사결정, 결과 확인 등으로 진행되었습니다. 모둠 내 각 구성
원들은 시나리오를 구성할 때, 그리고 토의 및 의사결정을 하는 과정

에서, 시나리오에 제시된 역사적 상황과 조건을 더욱 구체화하기 위해, 그리고 주어진 상황과 조건에서 더 나은 의사결정을 위해 고민합니다.

시뮬레이션이 끝나면 모둠은 자기 모둠이 시뮬레이션을 한 경험을 다른 모둠과 비교합니다. 예시에 나온 모둠처럼 신석기 시대에 부족의 존속을 위해 협상과 전쟁을 오가는 상황에서 의사결정을 한 모둠이 있는가 하면, 맹수들과 사투를 벌이거나, 홍수 등 자연재해를 극복하기 위한 의사결정을 한 모둠도 있을 것입니다. 자기 모둠과 다른 모둠의 의사결정 과정을 비교하면서, 의사결정에 대한 교훈을 얻을 수 있도록 합니다.

각 모둠의 시뮬레이션 경험은 서로 다르며, 이를 통해 신석기 시대에 인류가 어떻게 새로운 시대에 적응했는지를 여러 상황을 통해 살펴볼 수 있습니다.

평가 기준은 크게 '역사적 사실과 자료의 조사와 수집', '역사 시뮬레이션 수행', '역사 시뮬레이션 정리'라는 세 영역으로 나눠볼 수 있습니다.

'역사적 사실과 자료의 조사와 수집'은 생성형 AI를 활용한 역사 시뮬레이션을 위한 사전 조사에 해당하는 영역입니다. 시뮬레이션이 최대한 역사적 사실을 바탕으로 이뤄질 수 있도록 하기 위함입니다. 시뮬레이션의 주제가 되는 역사적 사실에 대해서는 생성형 AI가 설명해주겠지만, 그 내용에 잘못된 점이 있기 때문에, 여러 출처를 활용해 자료를 수집하고 조사하도록 했습니다. 되도록 교과서 등 주 교재가 아닌 참고도서들, (인터넷)백과사전, 해당 주제와 관련된 신뢰할만한 기관, 단체의 홈페이지 등을 활용할 수 있을 것입니다. 사실과 자료의 조

역사 시뮬레이션 수업 평가 기준 예시

평가 영역	평가 기준	평가 요소	배점	
역사 시뮬레이션	역사적 사실과 자료의 조사와 수집	– 역사 시뮬레이션 대상과 관련된 역사적 사실과 자료를 서로 다른 출처를 활용하여 조사하고 수집하였는가?	역사 시뮬레이션 대상 관련 사실과 자료를 3개 이상의 출처 활용 조사 및 수집	상
			대상 관련 사실과 자료를 2개의 출처 활용 조사 및 수집	중
			대상 관련 사실과 자료를 서로 다른 출처 활용해 조사 및 수집하지 않음	하
		– 자신이 조사하고 수집한 사실과 자료 내용을 적절한 근거를 활용해 검증하였는가?	적절한 근거 활용 검증 3회 이상	상
			적절한 근거 활용 검증 2회	중
			적절한 근거 활용 검증 1회 미만	하
	역사 시뮬레이션 수행	– 역사 시뮬레이션 주제는 해당 교과진도에 비추어 보았을 때 적절한가?	역사 시뮬레이션 주제가 해당 교과 진도에 비추어 봤을 때 적절함	상
			주제가 해당 교과 진도에 비추어 봤을 때 거리가 멂	중
			주제가 해당 교과 진도와 관련 없음	하
		– 모둠 내 토의를 거쳐 의사결정이 이뤄졌으며, 역사적 상황을 토대로 한 창의적 요소가 포함되었는가?	모둠 내 토의를 거쳐 의사결정이 이뤄졌으며, 역사적 상황을 토대로 한 창의적 요소를 포함하여 수행됨	상
			모둠 내 토의를 거쳐 의사결정이 이뤄졌으나, 역사적 상황을 토대로 한 창의적 요소가 포함되지 않은 채 수행됨	중
			모둠 내 토의를 거친 의사결정이 이뤄지지 않음	하
	역사 시뮬레이션 정리	– 자기 모둠이 수행한 역사 시뮬레이션을 다른 모둠의 역사 시뮬레이션 내용과 비교하여, 어떤 교훈을 얻었는지 설명할 수 있는가?	자기 모둠이 수행한 역사 시뮬레이션을 다른 모둠의 역사 시뮬레이션과 비교하고, 어떤 교훈을 얻었는지 설명함	상
			자기 모둠이 수행한 역사 시뮬레이션을 다른 모둠의 역사 시뮬레이션과 비교하지 않았거나, 어떤 교훈을 얻었는지 설명하지 못함	하

사 및 수집이 끝난 뒤에는 그 내용을 바탕으로 생성형 AI가 주제에 대해 대답한 내용을 검증하도록 했습니다.

'역사 시뮬레이션 수행'은 생성형 AI를 활용해 실제로 시뮬레이션을 수행할 수 있는 능력을 평가하는 영역입니다. 시뮬레이션의 주제는 역사 수업 중에 이뤄지는 만큼, 교과 진도에 맞는 내용으로 수행하도록 했습니다. 그리고 주제뿐만 아니라 시뮬레이션 전개도 모둠 내 토의를 거쳐 의사결정이 이뤄지고, 동시에 당대의 역사적 상황을 반영한 창의적 요소를 포함하도록 했습니다. 제시된 역사적 상황을 바탕으로, 모둠원들의 다양한 목소리를 반영한 합리적인 의사결정이 이뤄지도록 하는 한편, 그 과정에서 당대의 시대상을 함께 고려할 수 있는지를 확인하고자 했습니다.

'역사 시뮬레이션 정리'는 생성형 AI를 활용한 역사 시뮬레이션 경험이 모둠 차원에서 끝나지 않고, 다른 모둠과 공유하면서 의사결정 과정에서의 교훈을 이끌어낼 수 있는지를 평가하는 영역입니다. 이를 통해 의사결정을 신중히 하고 더 나은 결과를 추구하게 하기 위함입니다.

챗GPT도
거짓말을 할까?
"인공지능의 거짓말에
속지 않으려면"

그런데 챗GPT를 비롯한 생성형 AI는 얼마만큼 믿을 수 있을까요? 한때 인터넷에는 생성형 AI가 '세종대왕 맥북프로 던짐사건' 등 실제로 존재하지 않았던 사실까지도 역사적 사실로 설명했다는 내용들이 화제가 되기도 했습니다. 생성형 AI들은 해당 논란을 학습해서, 이제는 그 사건에 대해 다음과 같이 설명합니다. 예를 들어 제미나이에 접속해 다음과 같이 물어보겠습니다.

> 세종대왕 맥북프로 던짐사건에 대해 설명해 줘.

이제 제미나이는 다음과 같이 대답합니다.

세종대왕 맥북프로 던짐사건은 역사적으로 사실이 아닙니다. 이는 챗GPT라는 인공지능 챗봇이 잘못된 정보를 답변한 것을 인터넷 밈으로 만든 것입니다. 챗GPT는 학습한 데이터를 토대로 확률적으로 가장 적절한 단어를 선택해 문장을 재구성하는 구조인데, 가지고 있는 데이터가 부족하거나 연관 없는 단어들을 조합한 질문을 받으면 할루시네이션 현상이 발생할 수 있습니다. 세종대왕은 15세기에 훈민정음을 개발한 위대한 왕이며, 맥북프로는 21세기에 애플이 출시한 노트북 컴퓨터입니다. 두 대상은 시대와 관련성이 전혀 없으므로, 세종대왕이 맥북프로를 던진 사건은 역사적으로 불가능하고, 챗GPT의 오류로 인한 허구나 재치있는 이야기로 해석해야 합니다.

'세종대왕 맥북프로 던짐사건'등 실제로는 존재하지 않았던 사실을 생성형 AI가 꾸며내기도 하는데, 이런 현상을 할루시네이션(hallucination)이라고 합니다. 생성형 AI가 받은 질문이 자신이 학습한 지식과 정보를 넘어설 경우, 가장 그럴싸하고도 있을 법한 내용을 교묘하게 꾸며내어 대답하는 현상을 가리킵니다.

할루시네이션이 발생하는 이유는 먼저 생성형 AI가 학습한 지식과 정보가 불완전하기 때문입니다. 불완전한 지식과 정보를 바탕으로 잘못된 내용을 새로 만들어내기 때문이기도 합니다. '할루시네이션'은 아직도 생성형 AI가 불완전하다는 것을 상징하는 현상으로 화제가 되었고, 영국의 케임브리지 사전 등은 이 단어를 2023년 올해의 단어로 선정했습니다.

그렇지만 일부러 할루시네이션 현상을 만들어낸 것이 아닌데도, 대화형 AI의 신뢰성을 의심케 할만한 일들이 종종 벌어지곤 합니다. 제미나이에서 다음과 같은 프롬프트를 작성하여 신뢰성을 확인해 보겠습니다.

> 5.18 민주화 운동에 대한 계기교육 자료를 만들고자 합니다.
> 이 사건의 전개 과정을 날짜별 연대표로 만들어 주세요(한국 시간 기준).

제미나이의 대답입니다.

5.18 민주화 운동 연대표 (한국 시간 기준)

1980년
5월 17일
- 오후 7시: 김대중 납치 사건 발생
- 밤: 전남대학교 학생들, 캠퍼스 내 시위 시작
- 밤 11시: 시민들, 전남도청 앞에 모여 시위

5월 18일
- 오전: 시위 확산, 광주 시내 곳곳에서 충돌 발생
- 오후 1시: 계엄군 진주, 시민들과 대치
- 오후 4시: 광주 시내 방송국 점거, 시민 방송 시작
- 오후 6시: 전두환 보안사령관, "전국 비상계엄령 확대" 발표
- 밤: 시민들, 무등경찰서 방화

5월 19일

- 오전: 계엄군, 광주 시내 진입, 무차별 발포 시작
- 오후: 시민들, 육군 50사단 병영 공격
- 밤: 시민들, 전라도청 점거

5월 20일

- 오전: 계엄군, 광주 시내 주요 시설 점령
- 오후: 시민들과 계엄군 간 치열한 충돌
- 밤: 시민들, 광주 시내 곳곳에서 방어선 구축

5월 21일

- 오전: 계엄군, 광주 시내 무차별 공격 심화
- 오후: 시민들, 광주 시내 곳곳에서 항거 지속
- 밤: 시민들, 전라도청 방어 실패, 지하로 숨어 숨죽임

5월 22일

- 계엄군, 광주 시내 완전 장악
- 시민들, 산악 지대 등으로 피신

5월 23일

- 계엄군, 광주 시내 수색 및 검거 작전 시작
- 시민들, 계엄군에 의해 체포 및 학대

5월 24일 이후

- 계엄군, 광주 시내 통제 강화
- 시민들, 계엄군에 대한 저항 지속

- 5월 27일: 김대중 석방
- 5월 28일: 계엄령 확대 해제

5월 이후
- 광주 시민들, 계엄군에 대한 저항 지속
- 12월 12일: 전두환 대통령 선출
- 1987년 6월: 민주화 운동으로 민주 정부 수립

제미나이는 참고자료의 출처를 제시하면서 날짜별 연대표를 제시했습니다. 그런데 역사교사들이라면 뭔가 이상하다는 느낌이 들었을 겁니다. 내용을 살펴 보면 사건 날짜나 순서가 잘못되었거나, 심한 경우 아예 존재하지도 않았던 사실들을 언급합니다. 그 중에서도 '시민들, 육군 50사단 병영 공격', '시민들, 산악 지대 등으로 피신' 등 처음 보는 사건들이 눈에 띕니다. 두 사건에 대해 질문하겠습니다.

5월 19일 오후에 시민들이 육군 50사단 병영 공격한 사건에 대해 보충 설명을 해 주세요.

제미나이의 대답입니다.

5월 19일 육군 50사단 병영 공격 사건 보충 설명

사건 개요
1980년 5월 19일 오후, 광주 시민들이 육군 50사단 병영을 공격했습니다. 이 사건은 5.18 민주화 운동의 주요 사건 중 하나이며, 군의 무력 진압에 대한 시민들의 저항을 상징하는 사건입니다.

사건 배경
5월 18일, 광주 시내에서 시민들이 계엄군과 충돌하는 과정에서 많은 사상자가 발생했습니다. 시민들은 계엄군의 무차별 발포에 분노했으며, 군의 탄압에 대한 저항 의지를 강화했습니다.
5월 19일 오전, 계엄군은 광주 시내 주요 시설을 점령하고 무차별 공격을 계속했습니다.

사건 경과
오후 2시경, 시민들은 육군 50사단 병영에 진입하여 군인들과 충돌했습니다. 시민들은 돌과 화염병 등을 사용하여 군인들을 공격했으며, 군인들은 총격으로 맞섰습니다. 충돌은 약 2시간 동안 지속되었으며, 양측에서 많은 사상자가 발생했습니다.

사건 결과
시민들은 병영을 완전히 점령하지는 못했지만, 군에게 상당한 피해를 입혔습니다. 이 사건은 군의 탄압에 대한 시민들의 강력한 저항 의지를 보여준 사건으로 평가됩니다.

당시 시민들이 육군 50사단 병영을 공격한 사실은 없었고, 그런 일이 벌어지는 것은 거의 불가능했습니다. 그러나 제미나이는 이 사건이 5.18 민주화운동의 주요한 사건일 뿐만 아니라, 군의 무력 진압에 대한 시민들의 저항을 상징하며, 5.18 민주화운동의 가장 격렬한 사건 중 하나로 기억된다고 설명하고 있습니다.

이어서, '시민들, 산악 지대 등으로 피신'했다는 내용에 대해, 다음과 같이 질문했습니다.

산악 지대로 피신한 이들은 산 속에 숨어 지내며 어떤 방식으로 민주화 운동을 지속했습니까?

제미나이의 대답입니다.

산악 지대로 피신한 시민들의 민주화 운동 활동

5월 21일, 계엄군의 공격으로 전라도청 방어에 실패한 일부 시민들은 산악 지대로 피신했습니다. 이들은 산 속에서 숨어 지내며 다음과 같은 방식으로 민주화 운동을 지속했습니다.

1. 정보 공유 및 선전
- 라디오 방송국을 설치하여 계엄군의 탄압 상황과 민주화 운동 진행 상황을 전국에 알렸습니다.
- 전단지를 제작하여 계엄군의 탄압에 대한 비판과 민주화 운동에 대한 지지를 호소했습니다.
- 벽보를 통해 시민들에게 정보를 제공하고 민주화 운동 참여를 독려했습니다.

2. 무력 훈련
- 계엄군에 대한 저항을 위해 무력 훈련을 진행했습니다.
- 산악 지대에서 게릴라 전술을 훈련했습니다.
- 군인 출신 시민들이 훈련을 지도했습니다.

3. 시민들과의 연락
- 산 아래 마을에 잠입하여 시민들과 연락을 유지했습니다.
- 시민들에게 물자와 정보를 지원했습니다.
- 시민들의 민주화 운동 참여를 독려했습니다.

4. 해외 연락
- 해외에 있는 민주화 운동 활동가들과 연락을 취했습니다.
- 해외 언론에 계엄군의 탄압 상황을 알렸습니다.
- 국제 사회의 지원을 요청했습니다.

5. 지속적인 저항
- 계엄군의 추격에도 불구하고 산 속에서 숨어 지내며 저항 의지를 유지했습니다.
- 계엄군의 탄압에 대한 항의 의사를 표했습니다.
- 민주화가 이루어질 때까지 저항을 지속할 것을 다짐했습니다.

추가 정보:
- 산악 지대로 피신한 시민들은 혹독한 환경 속에서 생활하며 많은 어려움을 겪었습니다.
- 하지만, 이들은 민주화를 향한 열정으로 어려움을 극복하고 저항을 지속했습니다.
- 산악 지대로 피신한 시민들의 활동은 5.18 민주화 운동의 중요한 부분을 차지했습니다.

라디오 방송국을 설치하고, 산악 지대에서 게릴라 전술을 훈련했다는 설명과 함께, 이러한 활동이 5.18 민주화 운동의 중요한 부분을 차지했다는 것입니다.

'거짓말'이 어디까지 이어지는지, 추가로 다음과 같이 질문했습니다.

산악 게릴라 지도자의 프로필을 알려 주세요.

제미나이의 대답 중 일부입니다. 여기에는 5.18 당시 실제로 시민군으로 활동했던 이들 뿐만 아니라, 위와 같이 당시 대통령이나 계엄군 측 인물들의 프로필을 엉터리로 꾸며낸 내용들이 있었습니다.

최규하 (1950년 ~ 1980년)
- 전라남도 함평군 출신
- 서울대학교 법학과 졸업
- 민주화 운동 학생 활동가
- 5.18 민주화 운동 당시 광주 시민군 조직에 참여
- 군·경의 탄압을 피해 무등산으로 피신
- 산악 게릴라 집단 "민족해방전선"을 조직하고 지도
- 1980년 10월 28일 군·경과의 충돌에서 전사

노태우 (1946년 ~ 1995년)
- 육군 소령 출신으로 5.18 민주화 운동 당시 광주 시내 시위를 지휘했습니다.
- 군·경의 탄압을 피해 무등산으로 피신하여 산악 게릴라 집단을 조직했습니다.
- 1984년 체포되어 군사재판을 받고 사형을 선고받았으나, 1985년 전두환 대통령의 특별 사면으로 석방되었습니다.

- 1988년 13대 대통령 선거에서 당선되었으며, 1993년까지 재임했습니다.

정승화 (1945년 ~ 1995년)
- 전남도청 점거농성 참여자로, 군·경의 탄압을 피해 무등산으로 피신했습니다.
- 노태우와 함께 산악 게릴라 집단을 이끌며 군·경에 대한 게릴라 공격을 감행했습니다.
- 1984년 체포되어 군사재판을 받고 사형을 선고받았으나, 1985년 전두환 대통령의 특별 사면으로 석방되었습니다.
- 1995년 사망했습니다.

5.18 민주화운동은 실제로 일어난 사건인데다 한국 사회에서 중대한 사건으로 다뤄짐에도 불구하고, 제미나이의 대답 중에는 '거짓말'이 섞여 있습니다. 아무리 생성형 AI가 점차 진화하고 있기는 해도, 생성형 AI의 대답을 검증 없이 곧이곧대로 받아들일 경우, 해당 오류와 '거짓말'까지도 사실로 받아들이게 됩니다. 이 상태에서 계속 질문을 할 경우, 생성형 AI의 '거짓말'은 눈덩이처럼 불어날 것입니다.

이런 상황이 일어나는 것을 막으려면 생성형 AI가 대답했을 때 '거짓말'이 있는지 처음부터 살펴봐야 합니다. '거짓말'로 확인된 부분을 생성형 AI에게 알려 주고, 그 부분은 대답에서 빼도록 하거나, 옳은 내용으로 바꾸도록 할 수도 있습니다. 이렇게 하면 잘못된 내용이 점점 커지는 것을 막을 수 있습니다.

'거짓말'을 지적해주면 보통 생성형 AI는 자기가 대답한 내용이 잘못되었다고 인정하고 사용자의 의견을 수용합니다. 그러나 모든 경우가 성공적이지는 않습니다. 대화형 AI가 잘못을 한 번에 인정하지 않을 수도 있기 때문입니다.

제미나이에게 다음과 같이 알려 주었습니다.

5월 19일 오후에 시민들이 육군 50사단 병영을 공격했다는 사건은 사실이 아닙니다. 또한 당시 시위대의 상황, 육군 50사단과의 지리적 거리를 고려했을 때 현실적으로도 거의 불가능합니다.

제미나이의 대답입니다.

네, 5월 19일 오후 시민들이 육군 50사단 병영을 공격했다는 사건은 실제로 발생하지 않았습니다. 제가 이전에 제공한 정보는 오류였으며, 깊이 사과드립니다.

당시 시위대의 상황과 육군 50사단과의 거리를 고려했을 때, 실제로 공격이 있었다고 보기는 어렵습니다.

- 시위대 상황: 5월 19일 오후 시민들은 무등산 방송탑 점거와 시내 곳곳에서의 군·경과의 충돌로 인해 지쳐 있었습니다.
- 지리적 거리: 육군 50사단 병영은 광주 시내에서 약 10km 떨어진 외곽에 위치했습니다. 당시 상황에서 시민들이 병영까지 이동하여 공격을 감행하기는 현실적으로 거의 불가능했습니다.
- 5.18 민주화 운동에 대한 제 오류된 정보로 인해 혼란을 드린 점에

대해 다시 한 번 사과드립니다. 앞으로는 보다 정확하고 객관적인
정보를 제공할 수 있도록 노력하겠습니다.
- 5.18 민주화 운동은 한국 역사에서 매우 중요한 사건이며, 제가 이
사건에 대한 질문에 정확하게 답변하지 못한 점에 대해 다시 한 번
사과드립니다.

그런데 답변에는 여전히 오류가 포함되어 있습니다. 해당 부분을 다
시 지적하고, 오류를 정정하도록 하겠습니다.

답변에 여전히 오류가 있습니다. 육군 50사단은 광주 시내에서 약
10km 떨어진 외곽에 위치하지 않았습니다. 그 부대는 당시 ○○○○
에 위치했습니다.

제미나이의 대답입니다.

네, 제가 답변에 오류를 포함시켜 죄송합니다.
- 5월 19일 오후 시민들이 육군 50사단 병영을 공격했다는 사건은
실제로 발생하지 않았습니다.
- 당시 육군 50사단은 ○○○○에 위치했습니다.
- 광주 시내에서 ○○○○까지는 약 ○○○○km 거리이며, 당시 상
황에서 시민들이 ○○○○까지 이동하여 병영을 공격하기는 현실
적으로 불가능했습니다.(후략)

그러나 무등산에서의 '산악 게릴라 활동' 등, 제가 '거짓말'이라고 알려주지 않은 내용들은 여전히 제미나이의 대답 속에 들어 있었고, 이를 바탕으로 두고두고 잘못된 내용을 확대재생산하고 있었습니다. 생성형 AI가 한번 '거짓말'을 시작하면, 이를 바로잡는 것이 쉽지 않다는 것을 보여주고 있습니다.

앞서 살펴본 것처럼, 생성형 AI는 역사 수업에 유용하게 활용할 수 있는 점이 많습니다. 그러나 생성형 AI가 하는 말을 그대로 믿어서는 곤란합니다. 생성형 AI가 제시하는 정보에는 오류 또는 거짓, 편향된 내용이 포함되어 있을 수 있습니다. 때로는 사실보다 그렇지 않은 것이 더 많이 섞여 있을 수도 있습니다.

생성형 AI가 이렇게 불완전하다는 것은 역사교사의 역할에 시사하는 바가 큽니다. 생성형 AI는 교사의 역할을 대체하기 어렵습니다. 생성형 AI가 잘못된 역사적 사실을 만들어낼 때, 이를 바로잡을 수 있는 것은 역사교사입니다. 또한 역사교사는 생성형 AI가 제공하는 정보를 바탕으로 학생들의 비판적 사고를 촉진하는 역할을 할 수 있다는 점에서, 충분히 역사교사의 역할을 보완하고, 오히려 강화하는 수단이 될 수 있습니다. 역사에서 인간의 감정을 이해하는 것도, AI만으로는 해결할 수 없는, 역사교사의 중요한 역할 중 하나일 것입니다.

생성형 AI가 아직 한참 진화 중인 상황에서는, 생성형 AI가 제공하는 지식 및 정보를 검증하고, 이를 바로잡을 필요가 있습니다. 그 때 역사교육은 역사와 관련된 지식 및 정보의 정보에 대한 비판적 사고를 기르는 역할을 맡게 될 것입니다. 역사교사는 학생들이 생성형 AI를 비롯한 다양한 출처에서 얻은 지식 및 정보를 검증하고, 이를 바탕으로 스스로 신뢰할 만한 지식 및 정보를 스스로 생성해낼 수 있도록 지도하며, 학생들은 역사 분야에서, 나아가 여러 분야에 걸쳐 비판적 사고 능력을 높여야 한다는 요구를 받게 될 것 같습니다.

나가며

챗GPT를 통해 보는 역사 수업의 미래

한국 교육부는 2023년 9월에 '디지털 교육 체제 전환, 에듀테크 진흥 방안 수립 착수'를 발표했습니다. 2024년 4월에는 '디지털 기반 교육 혁신 역량 강화 지원 방안'을 발표했고, 이를 현장에서 실천할 '교실혁 명 선도교사'를 모집하고 연수를 진행합니다. 2025년에는 초 · 중 · 고 교에 AI 디지털교과서가 전면 도입될 예정인데, 이는 세계 최초의 사 례가 될 것이라고 합니다. 이러한 움직임을 살펴보면 '디지털 교육'은 '에듀테크(교육+첨단기술)'를 통해 '교실혁명'을 일으킬 것이고, '교실혁 명'은 AI 디지털교과서가 도입되면서 본격화할 것이라 보는 교육 정책 담당자들의 생각을 읽을 수 있습니다.

AI 디지털교과서의 가장 큰 특징 중 하나는 AI를 활용했다는 점입 니다. AI는 앞에서 살펴본 것처럼 1:1 맞춤형 학습을 제공할 수 있습 니다. 1:1 맞춤형 학습은 학생이 자신의 학습 수준에 따라 반복, 심화

학습, 복습 및 평가를 자유롭게 할 수 있도록 합니다. 그동안 학생들의 기초학력 부진이 문제가 되곤 했는데, AI 디지털교과서가 도입된다면 기초학력을 보장할 수 있을 것이라고 기대하는 사람들도 있습니다.

반면에 AI 디지털교과서의 도입을 걱정하는 사람들도 있습니다. 이들은 어릴 때부터 디지털 기기를 접해 온 학생들이 AI 디지털교과서 도입으로 인해 학생들이 디지털 기기에 대해 지나치게 의존하게 될 것을 걱정합니다. 우리나라보다 앞서 디지털 기기를 교육 현장에 전면 도입했다가 다시 종이책으로 돌아간 외국의 사례를 언급하며, AI 디지털교과서가 문해력을 떨어뜨리게 될 것으로 전망하기도 합니다. 엇갈리는 의견에도 불구하고 교육 현장에 AI가 도입된다는 것은 피할 수 없는 사실이 되었습니다. 역사 수업도 이러한 흐름에서 비켜날 수 없을 것입니다.

앞으로의 역사 수업에서는 자기 주도적 학습이 더욱 중요해질 것이라 예상해볼 수 있습니다. 우선 AI 디지털교과서가 전면 도입된다고 해도, 거기에 쓰여 있는 내용만 공부하는 데 그친다면 오히려 기존의 교과서로 배우느니만 못한 상황이 될 것입니다. AI 디지털교과서 본문보다도 AI에 더 많은 역사 관련 지식 및 정보가 들어 있을 것입니다. 거기에 담긴 지식과 정보는 학생이 스스로 나서서 AI와 끊임없이 묻고 답하는 가운데 얻을 수 있을 것입니다. 그렇지 않는 학생들과의 격차는 오히려 지금보다도 더욱 커지게 되지 않을까 하는 생각입니다.

그런데 AI 디지털교과서의 AI가 어느 정도로 개방되느냐도 고려해보아야 할 문제입니다. 개발자들이 미리 학습시킨 역사 관련 지식과 정보만을 활용한 AI가 될 것인지, 인터넷에 있는 모든 역사 관련 지식 및 정보와 연결된 AI가 될 것인지에 따라 AI 디지털교과서를 통한 학습도 크게 달라질 것입니다.

인터넷에 있는 모든 역사 관련 지식 및 정보와 연결된 AI가 된다면, AI가 줄 수 있는 역사 관련 지식 및 정보의 내용은 무한할 것입니다. 그 대가로 거기에는 수많은 오류나 거짓이 섞여 있을지도 모릅니다. 그런 오류나 거짓들이 AI 디지털교과서의 내용과 서로 모순되는 경우, 학생들에게 크고 작은 혼란을 일으킬 수 있으리라 생각합니다.

때문에 AI 디지털교과서는 개발자들이 미리 학습시킨 역사 관련 지식과 정보만을 활용하는 방향으로 정착될 것으로 보입니다. 이 경우 AI가 줄 수 있는 역사 관련 지식 및 정보는 내용이 제한적이겠지만, 그 대신 오류나 거짓이 섞여 있을 가능성이 비교적 낮을 것입니다. 그렇지만 학생들은 앞으로도 유튜브, 영화, 게임 등 여러 가지 미디어를 통해 역사 관련 지식 및 정보를 접할 것이고, 이는 학생들의 역사 이해, 나아가 수업 현장에도 여전히 큰 영향을 미칠 것입니다.

현대 사회에서는 역사와 관련된 컨텐츠들이 인기가 높기 때문에, 여러 미디어에서 역사 관련 지식과 정보를 생산합니다. 그리고 적지 않은 미디어에서 대중의 관심을 끌기 위해, 또는 그 밖의 이유로 잘못된 역사 관련 지식과 정보, 그리고 관점들을 만들어냅니다. 특히 역사 관련 '인플루언서(미디어에서 큰 영향력을 지닌 사람)'들이 만들어 낸 컨텐츠들을 많은 사람들이 무비판적으로 받아들이기도 합니다.

그렇기 때문에 자기 주도적 학습과 함께, 비판적 사고 또한 더욱 중요해질 것입니다. 우리는 생성형 AI를 활용한 역사 수업 방법을 탐색하면서, 역사 관련 지식 및 정보가 어떻게 만들어지는지를 알아보았습니다. 그것은 생성형 AI가 미리 학습한 지식 및 정보를 통해, 실시간 검색으로 얻은 정보를 통해, 그리고 사용자가 추가한 정보를 통해 만들어집니다.

학생들은 생성형 AI가 준 내용을 곧이곧대로 받아들이기보다는 다른 출처와 비교하고 잘못된 부분을 찾아 바로잡는 과정에서 점차 비판적 사고를 할 수 있습니다. 이렇게 길러진 비판적 사고를 생성형 AI를 활용할 때만 아니라, 여러 미디어를 접할 때도, 나아가 자신이 직접 역사 관련 지식과 정보를 만들 때도 발휘한다면, AI가 지배한다는 시대에도 역사 수업의 미래는 그리 어둡지 않을 것입니다.

역사교사·사학도를 지망하는 학생들을 위한 진로진학지도
- 모의면접 편 -

부록에서는 역사교사 · 사학도를 지망하는 학생들을 진로진학지도
하는 선생님들을 위한 모의면접 방법을 다룹니다. 생성형 AI는 모의면
접의 면접관이 되어 학생들에게 질문하고, 학생들의 대답을 듣고 난 뒤
평가하며, 피드백을 할 수 있습니다.

코파일럿에 접속하여 다음과 같이 이야기합니다.

제가 가르치는 고등학교 3학년 학생 2명이 어느 대학의 역사교육과
에 지원했습니다. 코파일럿을 활용하여 이 학생들에게 모의 면접 기
회를 제공하고 싶습니다.

코파일럿의 대답입니다.

그럼 저는 면접 질문을 준비해드리겠습니다. 이 질문들은 학생들이 대학의 역사교육과에 지원하면서 마주칠 수 있는 질문들입니다:

1. 왜 역사교육과에 지원하셨나요? 역사에 대한 흥미를 어떻게 발견하셨나요?
2. 역사교육과에서 어떤 경험을 기대하시나요? 그 경험을 통해 어떤 것을 배우길 원하시나요?
3. 역사교육과를 졸업한 후의 계획은 무엇인가요? 그 계획을 이루기 위해 어떤 노력을 하실 건가요?
4. 역사를 가르치는 것에 대해 어떻게 생각하시나요? 특히, 역사를 가르치는 것이 중요하다고 생각하시나요?
5. 최근에 읽은 역사 관련 책이나 문서는 무엇인가요? 그것에서 어떤 것을 배우셨나요?

이 질문들로 학생들이 면접을 준비하는 데 도움이 되길 바랍니다. 추가로 필요한 것이 있으시다면 언제든지 말씀해주세요!

그래서 추가로 다음과 같이 질문했습니다.

면접 질문 중 "4, 역사를 가르치는 것에 대해 어떻게 생각하시나요?"에 대답하고 싶습니다.

코파일럿의 대답입니다.

그럼 저는 이 질문에 대한 답변 예시를 제공해드리겠습니다. 이는 단지 예시일 뿐이며, 각 학생들이 자신만의 경험과 생각을 바탕으로 답변을 준비하면 좋겠습니다.

"저는 역사를 가르치는 것이 매우 중요하다고 생각합니다. 역사는 우리가 어디에서 왔는지, 우리의 문화와 가치가 어떻게 형성되었는지를 이해하는 데 필수적입니다. 또한, 역사는 우리가 과거의 실수를 반복하지 않도록 경고하고, 미래를 계획하고 개선하는 데 도움을 줍니다.

역사를 가르치는 것은 단순히 날짜와 사건, 인물을 암기하는 것이 아닙니다. 그것은 학생들에게 비판적 사고를 배우고, 다양한 관점을 이해하고, 복잡한 문제를 분석하는 능력을 키우는 과정입니다. 이런 이유로, 저는 역사교육이 학생들에게 매우 중요하다고 생각합니다."

이 답변은 학생들이 자신의 생각을 표현하는 데 도움이 되길 바랍니다. 추가로 필요한 것이 있으시다면 언제든지 말씀해주세요!

이번에는 제미나이에 접속하여 같은 질문을 했습니다.

제가 가르치는 고등학교 3학년 학생 2명이 [대학의 역사교육과]에 지원했습니다. [제미나이]를 활용하여 이 학생들에게 [모의 면접] 기회를 제공하고 싶습니다.

제미나이의 대답입니다.

역사교육과 모의 면접 질문

1. 지원 동기 및 목표
- 역사교육과를 지원하게 된 이유는 무엇인가요?
- 역사 선생님이 되고 싶은 이유는 무엇인가요?
- 역사교육과에서 배우고 싶은 것은 무엇인가요?
- 졸업 후 어떤 일을 하고 싶나요?

2. 역사에 대한 관심과 지식
- 가장 관심 있는 역사 시대는 언제이며, 그 이유는 무엇인가요?
- 최근에 읽은 역사 관련 책이나 기사가 있다면 소개해주세요.
- 역사 관련 경험 (동아리 활동, 역사 여행 등)이 있다면 소개해주세요.
- 최근 역사 관련 뉴스 중 기억에 남는 뉴스가 있다면 소개해주세요.

3. 역사교육에 대한 생각
- 좋은 역사 선생님이 되기 위해 필요한 역량은 무엇이라고 생각하나요?
- 역사 교육의 중요성에 대해 생각해보세요.
- 현대 사회에서 역사 교육이 가지는 역할은 무엇이라고 생각하나요?
- 역사 교육을 어떻게 개선할 수 있을까요?

4. 면접관 질문
- 면접관이 질문할 수 있는 질문을 생각해보고 답변을 준비해보세요.
- 예시: 역사 교육에서 논쟁이 되는 주제에 대한 자신의 의견, 역사

교육에 활용할 수 있는 ICT 기술 등

5. 역사 관련 능력 시험
- 역사 관련 능력 시험을 준비해보는 것도 좋은 방법입니다.
- 예시: 한국사능력시험, 세계사능력시험

모의 면접 진행 방법
- 학생들에게 위 질문들을 미리 알려주고 답변을 준비하도록 합니다.
- 실제 면접처럼 진행하며 질문을 하고 답변을 듣습니다.
- 면접 후 피드백을 제공하여 답변을 개선할 수 있도록 도와줍니다.

제미나이에게 모의면접 기회를 제공해 달라고 질문했더니, 바로 모의면접 질문을 만들어 주었습니다. 이번에 만들어진 면접 질문은 역사 및 역사교육에 관한 일반적인 내용입니다. 제미나이는 그 밖에도 참고 자료를 함께 안내합니다.

모의면접은 학생이 대답을 잘 하는 것도 중요하겠지만, 학생의 대답을 일정한 기준에 따라 평가하고 적절한 피드백을 제공하는 것도 역시 중요할 것입니다. 우선 평가 기준을 마련해 보겠습니다.

제미나이에게 다음과 같이 질문합니다.

모의면접 평가를 위한 평가 기준을 설계해 주세요.

제미나이의 답변입니다.

역사교육과 모의 면접 평가 기준

1. 역사에 대한 관심과 지식 (30%)
- 역사에 대한 기본적인 지식을 갖추고 있는가?
- 역사에 대한 깊이 있는 이해를 보여주는가?
- 다양한 역사 시대에 대한 관심을 가지고 있는가?
- 최근 역사 관련 뉴스나 이슈에 대한 관심을 가지고 있는가?

2. 역사교육에 대한 생각 (30%)
- 역사 교육의 중요성을 이해하고 있는가?
- 좋은 역사 선생님이 되기 위한 역량을 갖추고 있는가?
- 역사 교육을 개선하기 위한 창의적인 아이디어를 가지고 있는가?

3. 의사소통 능력 (20%)
- 명확하고 논리적으로 자신의 생각을 표현할 수 있는가?
- 질문에 대한 답변을 명확하고 간결하게 전달할 수 있는가?
- 적절한 예시를 사용하여 자신의 생각을 설명할 수 있는가?
- 면접관과의 눈을 맞추고 자신감 있게 대화할 수 있는가?

4. 적극성 (10%)
- 면접에 적극적으로 참여하는가?
- 질문에 적극적으로 답변하는가?
- 면접에 대한 열정을 보여주는가?

5. 전반적인 인상 (10%)
•면접에 대한 준비가 잘 되어 있는가?

•옷차림과 태도가 단정한가?
•밝고 긍정적인 에너지를 가지고 있는가?

기존의 모의 면접 질문을 약간 변형해서 평가 기준으로 삼았음을 알 수 있습니다. 평가 기준은 크게 보면 다섯 영역으로 되어 있습니다. 대학의 역사교육과 입시 모의면접이라는 특성을 고려하여 역사 및 역사교육 관련 영역의 배점이 합쳐서 60%를 차지하고 있습니다.

평가 기준이 만들어지긴 했는데, '역사에 대한 관심과 지식' 등 큰 영역별로 배점은 표시되어 있지만 영역 내 세부적인 평가 항목별 배점은 없어서 실제 채점을 어떻게 할지가 의문입니다. 제미나이에게 다음과 같이 물어보겠습니다.

모의면접 평가를 위한 평가 기준을 설계해 주세요.

여기에 대한 제미나이의 답변입니다. 전체 내용이 길어서, 그 중 일부를 인용하겠습니다. 먼저 세부 평가 항목별 배점을 추가한 평가 기준표입니다.

평가 기준	비중	세부 평가 항목
역사에 대한 관심과 지식	30%	• 주요 역사 사건과 인물에 대한 지식 (10%) * 역사적 사고 능력 (10%) * 역사 관련 자료 활용 능력 (10%)
역사교육에 대한 생각	30%	• 역사 교육의 목표와 목적에 대한 이해 (10%) • 역사 교육 방법론에 대한 지식 (10%) • 역사 교육 개선 방안 (10%)
의사소통 능력	20%	• 표현력 (5%) * 논리력 (5%) * 경청 능력 (10%)
적극성	10%	• 질문에 대한 적극적인 참여 (5%) * 면접에 대한 열정 (5%)
전반적인 인상	10%	• 준비도 (5%) * 옷차림과 태도 (5%)

이상의 내용을 반영하여 모의면접용 예상 질문을 만들어 보겠습니다. 다음과 같이 질문합니다.

> 설계된 평가 기준을 고려하여, 모의면접용 예상 질문을 10개 생성해 주세요.

모의면접용 예상 질문은 기존에 제미나이가 설계한 평가 기준을 고려하도록 작성했습니다. 또한 질문을 10개 만들어서, 해당 질문을 바탕으로 학생이 충분한 연습을 할 수 있도록 했습니다.

역사교육과 모의면접 예상 질문 (설계된 평가 기준 고려)

1. 역사에 대한 관심과 지식
- 가장 관심 있는 역사 시대는 언제이며, 그 이유는 무엇인가요?
- 최근에 읽은 역사 관련 책이나 기사가 있다면 소개해주세요.
- 역사 관련 경험 (동아리 활동, 역사 여행 등)이 있다면 소개해주세요.
- 최근 역사 관련 뉴스 중 기억에 남는 뉴스가 있다면 소개해주세요.

2. 역사 교육에 대한 생각
- 좋은 역사 선생님이 되기 위해 필요한 역량은 무엇이라고 생각하나요?
- 역사 교육의 중요성에 대해 생각해보세요.
- 현대 사회에서 역사 교육이 가지는 역할은 무엇이라고 생각하나요?
- 역사 교육을 어떻게 개선할 수 있을까요?

3. 의사소통 능력
- (주어진 역사 관련 주제에 대한) 자신의 의견을 3분 내로 발표해주세요.
- (면접관의 역사 관련 질문에 대해) 답변해주세요.

참고:
각 질문은 면접 상황에 따라 변형될 수 있습니다.
면접관은 학생의 답변을 바탕으로 추가 질문을 할 수 있습니다.
면접관은 학생의 답변 내용뿐만 아니라 표현력, 논리력, 경청 능력 등을 평가합니다.

위 내용을 바탕으로 학생의 답변을 적어 제출했습니다. 답변 전체가 너무 길어서 전부 인용할 수 없으므로, 그중 일부만을 인용합니다.

예상 질문에 대한 학생의 답변입니다.
(중략)2. 최근에 『한국전쟁에서 싸운 일본인』을 읽었습니다. 이 책은 한국전쟁에 비밀리에 참가한 일본인들에 대한 이야기를 다루고 있습니다. 태평양전쟁 패전 후 미군 기지에서 일하고 있었던 일본인들은 한국전쟁이 발발하자, 유엔군으로 참전한 미군과 동행하게 되었던 내용을 다루고 있습니다.
(중략)위 답변을 평가 기준에 맞추어 채점하세요.
답변 내용을 분석하여, 우수한 부분, 부족한 부분, 개선 방법 등을 제시하세요.

마지막 세 줄에는 평가 기준에 맞추어 채점할 것, 피드백을 제공할 것을 요청하였습니다. 제미나이가 채점 및 모의면접 결과를 마쳤습니다. 내용 중 일부를 인용합니다.

총점: 85/100

평가 결과:
전반적으로 면접에 대한 준비가 잘 되어 있었고, 역사에 대한 관심과 역사 교육에 대한 열정을 보여주었습니다. 면접관의 질문에 대한 답변을 잘 준비했고, 명확하고 논리적으로 자신의 생각을 표현했습니

다. 또한, 면접에 적극적으로 참여하고 긍정적인 에너지를 보여주었습니다.

개선점:

역사 관련 경험을 구체적으로 설명하고, 역사 관련 책이나 기사에 대한 간략한 요약이나 평가를 추가합니다.

역사 교육 방법론에 대한 지식을 더욱 쌓고, 역사 교육 개선 방안에 대한 실제 적용 가능성에 대해 논의합니다.

답변의 구성을 더욱 체계적으로 정리하고, 목소리 표현과 제스처 활용을 통해 답변을 더욱 효과적으로 전달합니다.

면접관과의 눈을 맞추고 더욱 자신감 있게 대화합니다.

면접 경험을 더 쌓아 자신감을 키울 수 있습니다.

모의 면접을 통해 면접 능력을 향상시키고 역사교육과 면접에 성공적으로 대비하시길 바랍니다.

영역별 점수 및 총점, 우수한 답변과 부족한 답변, 개선 방안을 제시하고 있습니다. 단, 학생이 제출한 각 답변별 점수 및 피드백은 별도로 제시되지 않았습니다. 이를 별도로 요청하겠습니다. 그 중 2번 답변에 대해서는 다음과 같은 피드백을 받았습니다.

학생이 제출한 각 답변 별 점수와 피드백을 알려 주세요.

총점: 85/100

2번 답변 점수: 6/10

피드백:
역사 관련 책을 읽는 경험을 보여주었습니다.
책의 내용을 간략하게 요약하여 답변에 포함했습니다.
자신의 생각이나 평가를 추가하여 답변을 더욱 풍부하게 만들 수 있습니다.

2번 답변을 개선하기 위해 다음과 같이 요청했습니다.

2번 답변은 6/10점이 나왔습니다.
10/10점을 받을 수 있는 답변 예시를 제공하고, 해당 예시가 만점을 받은 이유를 구체적으로 분석해 주세요.

그러자 제미나이가 모범 답안을 제시했습니다.

2번 질문에 대한 10/10점 답변 예시:

최근에 『한국전쟁에서 싸운 일본인』이라는 책을 읽고 한국전쟁에 비밀리에 참가했던 일본인들의 이야기에 깊은 관심을 갖게 되었습니다. 이 책은 태평양 전쟁 패전 후 미군 기지에서 일하던 일본인들이 한국전쟁 발발 후 유엔군으로 참전하게 된 과정과 그들의 경험을 생생하게 다루고 있습니다.

이 책을 읽으면서 다음과 같은 점에 대해 생각하게 되었습니다.

한국전쟁에 참여하게 된 일본인들의 복잡한 심경: 조국과 가족을 위해 싸워야 하는 의무감과 전쟁에 대한 두려움, 그리고 미지의 한국 땅에서 겪게 될 불확실성에 대한 고민 등을 상상해 보았습니다.

한국전쟁의 참혹성: 책에서 생생하게 묘사된 전쟁의 참혹함은 저에게 큰 충격을 주었습니다. 특히, 참전했던 일본인들의 증언을 통해 전쟁의 무의미함과 인간의 고통을 더욱 가슴 깊이 느낄 수 있었습니다.

전쟁 이후 일본인들의 삶: 한국전쟁이 끝난 후 일본으로 돌아온 그들의 삶은 어떠했을까요? 전쟁의 상흔과 후유증, 그리고 한국과의 관계 속에서 그들이 어떤 어려움을 겪었는지 궁금했습니다.

이 책을 통해 한국전쟁의 새로운 시각을 얻을 수 있었습니다. 한국전쟁은 단순히 한국과 북한 간의 전쟁이 아니라, 그 속에서 다양한 사람들의 삶이 얽혀 있었습니다. 특히, 한국전쟁에 참여했던 일본인들의 이야기는 전쟁의 참혹함을 더욱 생생하게 보여주며, 평화의 소중함을 다시 한번 느끼게 합니다.

앞으로 역사 선생님이 된다면 이러한 다양한 시각을 학생들에게 전달하고 싶습니다. 학생들이 역사를 단순히 과거의 사건으로 받아들이는 것이 아니라, 현재와 미래에 연결된 살아있는 이야기로 이해하도록 돕고 싶습니다.

이 답변은 다음과 같은 이유로 10/10점을 받았습니다.

구체적인 역사 관련 경험 제시: 단순히 책을 읽었다고 언급하는 것이 아니라, 책의 제목, 내용, 그리고 자신이 느낀 점을 구체적으로 설명했습니다.

역사적 사건에 대한 심층적인 이해: 한국전쟁에 참여했던 일본인들의 복잡한 심경, 전쟁의 참혹성, 전쟁 이후 일본인들의 삶 등에 대한 깊은 이해를 보여주었습니다.

다양한 시각 제시: 한국전쟁을 단순히 한국과 북한 간의 전쟁이 아니라, 그 속에서 다양한 사람들의 삶이 얽혀 있는 사건으로 해석했습니다.

역사 교육과의 연관: 자신의 역사 경험을 역사 교육과 연결하여 학생들에게 어떤 영향을 줄 수 있는지를 구체적으로 제시했습니다.

명확하고 논리적인 표현: 답변의 구성이 체계적이고, 문장 표현이 명확하며, 논리적으로 자신의 생각을 전달했습니다.

이 답변은 역사 관련 경험을 통해 역사에 대한 깊은 관심과 이해를 보여주며, 역사 교육에 대한 열정을 느낄 수 있습니다. 또한, 다양한 시각을 제시하고 역사 교육과 연결하여 답변의 완성도를 높였습니다.

10/10점을 받기 위해서는 다음과 같은 부분을 더욱 발전시킬 수 있습니다.

역사 관련 경험의 다양성: 책 읽기 외에도 다양한 역사 관련 경험 (예: 역사 관련 사이트 탐방, 역사 강연 참석, 역사 관련 동아리 활동 등)을 추가하면 답변의 풍성도를 높일 수 있습니다.

역사적 사건에 대한 비판적 사고: 단순히 사실적인 정보를 전달하는 것이 아니라, 역사적 사건에 대한 자신의 생각과 비판적 시각을 제시하면 답변의 깊이를 더할 수 있습니다.

역사 교육 방법에 대한 구체적인 제시: 다양한 시각을 학생들에게 전달하기 위한 구체적인 역사 교육 방법을 제시하면 답변의 실용성을 높일 수 있습니다.

다음은 답변을 더욱 개선하기 위한 몇 가지 질문입니다.

이 책을 읽고 역사에 대한 어떤 새로운 관심을 가지게 되었습니까?

이 책을 통해 얻은 역사적 지식을 역사 교육에 어떻게 활용할 수 있을까요?

학생들에게 다양한 시각을 제시하기 위해 어떤 역사 교육 방법을 사용할 수 있을까요?

이러한 질문에 대한 답변을 통해 역사 관련 경험에 대한 깊이와 폭을 더할 수 있습니다. 또한, 역사 교육에 대한 열정과 구체적인 계획을 보여줌으로써 면접관에게 좋은 인상을 줄 수 있습니다.

제미나이를 활용한 모의면접은 면접 구상부터 평가 기준 설계, 예상 질문 작성, 학생 답변 제출, 채점 및 피드백을 통해 학생에게 면접을 간접 경험할 수 있는 기회를 제공하고 있습니다. 제미나이 모의면접을 통해 개선점을 발견하여, 학생의 답변을 더욱 발전시킬 수 있습니다. 필요한 경우 특정 대학의 면접 평가 기준 및 출제 유형을 제미나이에 학습시켜, 해당 대학의 입시 면접을 최대한 구현한 모의면접을 진행할 수 있을 것이라 생각됩니다.